GINNASTICA INTIMA PER DONNE

RISCOPRI LA TUA FEMMINILITÀ CON IL METODO GYMINTIMA®

Questo libro è dedicato...

A Mila Raisse la mia Maestra,
la donna che mi ha fatto scoprire
e percorrere la Via Femminile.

Il libro è dedicato anche...

A Giuseppe, mio compagno di viaggio:
la tua presenza e la tua fiducia mi hanno aiutato
ad andare avanti in ciò in cui credo.

Ad Anne Marie D. e Mikhaël Raivavic: la vostra energia è sempre accanto a me.

A Giuliana: a te la mia gratitudine. Il tuo aiuto è stato un dono prezioso.

Alle donne con cui ho lavorato nei corsi di Gymintima.
Ai vostri progressi, ai vostri risultati, alla vostra gioia e all'atmosfera di contagioso entusiasmo
che avete saputo creare, per voi stesse e per tutte le altre.

A ognuno di voi un abbraccio di cuore.

Titoli di argomenti affini editi dal Gruppo Editoriale Macro

BIS Edizioni

Dale, Cyndi **IL CORPO SOTTILE**. La grande enciclopedia dell'Anatomia energetica

Rittiner, Remo **IL GRANDE LIBRO DELLA YOGATERAPIA**. Manuale pratico illustrato con esercizi guidati e tecniche di meditazione

Sadhana, Singh **ARADHANA, IL PASSAGGIO DAL RISVEGLIO VERSO LA REALIZZAZIONE**, a cura di Hari Bhajan Kaur

Walter, Johannes **FAR ESPERIENZA CON I CHAKRA, SIMBOLI VISUALIZZAZIONE, MEDITAZIONE, PERCEZIONE DEL CORPO, RESPIRO E MUDRAS**

Govinda, Kalashatra **ATLANTE DEI CHAKRA**. Il percorso verso la salute e la crescita spirituale

Fraser, Tara **YOGA PER TE**

Singh, Satya **KUNDALINI YOGA 10 SEQUENZE PER RIPRISTINARE IL FLUSSO ENERGETICO NEI MERIDIANI**

Lutge, Lothar-Rudiger **KUNDALINI YOGA IL RISVEGLIO DELL'ENERGIA VITALE**

Davies, Clair e Simons, David **IL MANUALE PRATICO DEI PUNTI TRIGGER**

Santoro, Claudio **RIFLESSOLOGIA PLANTARE**. Teoria e tecnica

Allasia, Gioacchino e De Cillis, Marina **MANUALE DI AUTO TRATTAMENTO CRANIOSACRALE**. Semplici tecniche per alleviare da soli mal di schiena, mal di testa, nausea e tanti altri disturbi, **DVD**, Macro Video

Ram Rattan, Singh Kundalini Yoga. **L'INCREDIBILE POTERE CURATIVO DEL CERVELLO**, **DVD**, Macro Video

De Michelis, Loredana **GINNASTICA FACCIALE METODO VISOTONIC.** Il metodo visotonic per un Lifting Naturale, **DVD**, Macro Video

Salvarani, Silvia **I 5 TIBETANI**. Come evolvere spiritualmente con i riti dell'eterna giovinezza, **DVD**, Macro Video

Macro Edizioni

Fraser, Eva **PIÙ GIOVANI IN 4 SETTIMANE**. Con la Ginnastica Facciale e gli esercizi per il Corpo di Eva Fraser

Georgieff, Georg Stefan **IL MASSAGGIO COREANO DELLA MANO**. Le Tecniche riflessologiche - le malattie curabili

Walker, Brad **ANATOMIA DELLO STRETCHING**. La filosofia, gli esercizi, i benefici

Strova, Maria **IL LINGUAGGIO SEGRETO DELLA DANZA DEL VENTRE**

Porter, Katleen **COLONNA VERTEBRALE SENZA ETÀ VITA SANA E INVECCHIAMENTO SERENO GRAZIE A UNA POSTURA CORRETTA**

Contigliani, Riccardo e Marasco, Marcello Luca **MANUALE DI OSTEOPATIA**. Principi e trattamenti per le malattie più comuni

Sise, Betsy **IL METODO ROLFING**. Il miglior equilibrio per il tuo corpo

Stokes, Beverly **NEONATI FELICI IN MOVIMENTO**. Guida per lo sviluppo motorio del tuo bambino da 0 a 12 mesi

Crégut, Nadine **QI GONG PER DIMAGRIRE**

Goodman, Saul **IL LIBRO DELLO SHIATSU**. Guida pratica al massaggio

Calogero, Vittorio **YOGA DINAMICO**

Calogero, Vittorio **I BENEFICI DELLO YOGA DINAMICO**. Esercizi correttivi in coppia e di gruppo

---

Simona Oberhammer

Ginnastica intima

Riscopri la tua femminilità con il Metodo Gymintima®

per Donne

Tecniche Corporee

BIS

AVVERTENZA

BIS Edizioni non dispone di notizie o dati diversi da quelli qui pubblicati.
Le informazioni scientifiche, sanitarie, psicologiche, dietetiche e alimentari fornite nei nostri libri non comportano alcuna responsabilità da parte dell'editore circa la loro efficacia e sicurezza in caso di utilizzo da parte dei lettori. Ognuno è tenuto a valutare con buon senso e saggezza il percorso psicologico, curativo e nutrizionale più appropriato. Ognuno è tenuto ad assumere tutte le informazioni necessarie, confrontando rischi e benefici delle diverse terapie e regimi dietetici disponibili.

Il Gruppo Editoriale Macro mantiene e sviluppa la sua attenzione verso l'ambiente e lo fa con modalità sempre più concrete, coerenti e sostenibili. Stampiamo i nostri libri, dvd, riviste, cataloghi e depliant in Italia su carta riciclata, utilizzando inchiostri ecologici. Acquistando uno dei nostri prodotti contribuirai a sostenere il progetto dell'Associazione Scuola di Ecologia Applicata di Cesena, che ha già messo a dimora migliaia di alberi ed è impegnata nella piantumazione di decine di migliaia di nuovi alberi per favorire la biodiversità e per compensare e ridurre l'impatto ambientale della stampa di questo libro.

Per maggiori informazioni su questo autore e sulla stessa collana
visitate il nostro sito **www.gruppomacro.com**

Quest'opera è pubblicata contemporaneamente in Italia da Bis Edizioni e in Francia da Macro Editions. Entrambi i marchi sono di proprietà del Gruppo Editoriale Macro.

coordinamento editoriale e revisione	Romina Rossi
editing	Danila Ganzerla
copertina	Matteo Venturi
stampa	Lineagrafica, Città di Castello (PG)

Le illustrazioni degli esercizi sono di Laura Copelli - www.lauracopelli.it - www.illustrazionivettoriali.it

Collana Tecniche Corporee

I edizione settembre 2013 I ristampa dicembre 2013

© 2013 BIS Edizioni
un marchio del Gruppo Editoriale Macro
www.gruppomacro.com
Via Giardino, 30
47522 Cesena (FC)

ISBN 978-88-6228-257-4

FSC
www.fsc.org
MISTO
Carta da fonti gestite in maniera responsabile
FSC® C113203

Premessa

Benvenuta in Gymintima®

Da una donna alle donne

Cara lettrice, ti do il benvenuto nel mondo di Gymintima, un programma speciale dedicato alle donne.

Gymintima è una *ginnastica intima* che si indirizza alle parti più nascoste del corpo femminile, non visibili ma percepibili da ogni donna. È un insieme di tecniche piacevoli e rilassanti, e anche divertenti. Richiedono poco tempo. Alcune pratiche, dette *"invisibili"*, puoi addirittura eseguirle mentre stai facendo altro. Ovunque sei. I benefici, come scoprirai, sono davvero tanti.

Come apprenderai, Gymintima è un *metodo*, un programma che ho ideato per conoscere ed esercitare un'importantissima parte del corpo: la *zona pelvica*, un'area rilevante per il benessere, profondamente collegata alla femminilità.

E ora, prima di iniziare, ecco alcune note che ti serviranno durante la lettura del libro, per orientarti con facilità e per apprendere senza sforzo un metodo che apporterà numerosi benefici al tuo benessere di donna.

A chi è rivolto questo libro

Questo libro è stato scritto in modo da essere un testo rivolto:
- al *pubblico,*
- ai *professionisti.*

È rivolto al *pubblico* perché è scritto in modo facile e comprensibile, accessibile a tutti.

È rivolto ai *professionisti* perché è un programma completo ed è ricco di contenuti scientifici. È adatto quindi per medici, in particolare ginecologi, infermieri, ostetriche, naturopati, fisioterapisti, insegnanti di attività motoria, yoga e altri specialisti della salute.

Come leggere questo libro

Questo libro puoi leggerlo in *due modi*:
- *interamente*, venendo a conoscenza di tutto il metodo nella sua completezza;
- *saltando le parti che trattano disturbi che non riguardano la tua casistica.*

Se per esempio non soffri di prolassi puoi saltare le parti che trattano questo argomento. L'attenzione posta alle titolazioni di ogni paragrafo ti permette di farlo con facilità.

In ogni caso, però, è fondamentale leggere il libro in ordine consequenziale. Solo così è possibile comprendere il metodo e apprenderlo bene: in questo modo vieni guidata con facilità e chiarezza.

Constaterai che questo sistema di lettura ti aiuterà a risparmiare tempo e ti darà risultati veloci e duraturi.

Inoltre tieni a portata di mano una matita o un evidenziatore, per sottolineare il testo. Questa modalità stimolerà la tua memoria visiva e ti permetterà una più facile rilettura. Un libro non dev'essere considerato come qualcosa di intoccabile ma come uno strumento di lavoro, con cui interagire, che può arricchire. Un testo sottolineato, con le annotazioni e le riflessioni personali, non perde valore ma ne acquista. Tieni inoltre presente che questo libro è denso di contenuti e quindi può essere letto più volte apprendendo sempre qualcosa di nuovo. Durante la prima lettura, inoltre, possono sfuggire alcune informazioni che solo in una lettura successiva acquistano il loro rilievo. Rileggere un libro, specie nelle parti da te sottolineate, è estremamente utile.

Come applicare il metodo Gymintima®

Le pagine di questo libro ti propongono un metodo efficace e sicuro, convalidato da studi, ricerche e una lunga pratica. Però, per trarne beneficio, dovrai *metterlo in pratica* e seguirlo nella sua integrità.

Se il metodo non offre i risultati indicati significa che non viene applicato correttamente. I benefici si ottengono infatti solo se l'esecuzione è appropriata. Se si applica il metodo senza seguirlo con le dovute modalità si opera al di fuori del programma. A quel punto non posso prometterti niente. Non sei più all'interno del metodo che ti propongo.

Per applicare il programma correttamente quindi ti raccomando innanzitutto di leggere il libro interamente, dedicando molta attenzione alla parte teorica. Le indicazioni più pratiche presenti nella seconda parte del testo acquistano infatti la loro validità in base ai concetti descritti nelle pagine precedenti.

Anche la parte pratica deve però essere consultata con attenzione. Prima di eseguire una tecnica è importante leggere più volte la descrizione. Poi, durante l'esecuzione, consulta regolarmente il testo, per verificare la correttezza del tuo operato. Questa procedura ti garantirà i migliori risultati.

Il libro inoltre può essere usato da solo o, ancora meglio, abbinato a un *corso* o a un *video-corso*, come scoprirai durante la lettura.

Com'è strutturato questo libro

Il contenuto

Questo libro è strutturato in diverse sezioni, di cui viene data qui una brevissima descrizione, affinché tu possa orientarti con facilità nella lettura.

Prima sezione: *La teoria di Gymintima*

In questa prima parte del libro vengono descritti gli elementi teorici che sono alla base del metodo. È suddivisa nei settori che seguono:

- *Introduzione a Gymintima*
  Questa parte ti spiega cos'è la ginnastica intima, come insorgono i problemi pelvici e quali sono le origini del metodo che andrai a conoscere.

- *Alla scoperta della pelvi*
  Conoscere il corpo aiuta a stare bene. In questa parte scopri come è formata la pelvi, cos'è il pavimento pelvico, come funziona e perché è così importante la sua salute.

- *Perché Gymintima è efficace: le azioni*
  In questa parte vieni a conoscenza delle azioni della ginnastica intima: la tonificazione e il rilassamento dei muscoli pelvici, la disintossicazione e la rivitalizzazione del bacino e tanto altro ancora.

- *A cosa serve Gymintima: i benefici*
  E ora tutte le azioni positive della ginnastica intima. Sono tantissime: gli organi contenuti nella pelvi si rafforzano, il ciclo femminile si equilibra, la sessualità migliora, la maternità diventa più facile, i disagi della menopausa si riducono, i disturbi ginecologici guariscono e tanto altro ancora.

Seconda sezione: *Gymintima in pratica*

In questa seconda sezione del libro impari a mettere in pratica il metodo. Da subito. Con facilità e senza errori. Lo apprendi attraverso i seguenti settori:

- *Scopri la tua situazione: l'autodiagnosi pelvica*
  Come sarà il mio stato di salute pelvica? È una domanda che emerge leggendo il libro. Qui trovi le risposte, attraverso semplici test e questionari da fare da sola.

- *Consigli pratici: sapere come fare*
  In questa parte trovi diversi piccoli accorgimenti e consigli per rendere la tua pratica efficace e mirata. Per esempio impari come sviluppare il calore pelvico, fondamentale per ottenere risultati veloci.

- *E ora pratichiamo: gli esercizi di Gymintima*
  Tante comode schede, facili da comprendere e da eseguire: la parte pratica di Gymintima è strutturata in questo modo. Gli esercizi presentati sono stati selezionati tra quelli più efficaci.

- *Le risposte*
  Hai delle difficoltà? Dei dubbi? Delle domande? In questa parte trovi le risposte ai quesiti principali.

Terza sezione: *Note e tabelle aggiuntive*

Questa ultima sezione riporta informazioni utili riguardo all'Autrice, ai suoi metodi e ai corsi live e ai video-corsi di Gymintima. Inoltre contiene tabelle e illustrazioni aggiuntive, rivolte ai professionisti ma anche a chi desidera comprendere meglio la ginnastica intima e i suoi benefici.

Prima sezione

La teoria di Gymintima

Introduzione a Gymintima

Cos'è la ginnastica intima

Una ginnastica tutta da scoprire

✓ Ti sei mai ritrovata a dire...

Frasi su cui riflettere

«Questa pancia che viene fuori... nonostante la dieta e la ginnastica non si appiattisce».

«Anche se sono magra, quella pancetta sotto l'ombelico c'è sempre. E ogni anno aumenta».

«Durante i rapporti sessuali non riesco a provare molto piacere. È come se la vagina fosse dilatata. L'orgasmo è debole o assente».

«Quando faccio l'amore sento dolore».

«Avverto una "pesantezza pelvica": è come se nel basso ventre ci fosse un peso».

«Emetto l'urina con fatica, il flusso è debole».

«Ho spesso bisogno di urinare. Di notte mi alzo, persino più di una volta. Mi capita anche quando sono a contatto con l'acqua».

«Quando tossisco, rido o corro mi succede di avere delle perdite di urina. Strano perché sono piuttosto giovane».

«È come se avessi un peso all'addome. Mi hanno detto che ho un abbassamento degli organi».

«Mi sento come "slabbrata"».

«Il parto è stato molto faticoso e il recupero difficile; i dolori all'area genitale sono proseguiti nel tempo».

«Se cerco di muovere i muscoli vaginali faccio fatica a sentirli. Sono debolissimi».

«Il mio bacino è bloccato. Quando mi muovo, quando cammino è rigido. E mi fa sentire poco femminile».

✓ Perché la ginnastica intima?

Un metodo utile per tanti disturbi

Se ti sei ritrovata a pronunciare una di queste frasi significa che la tua area pelvica – quella che di solito chiamiamo bacino – è indebolita.

La pelvi è il "centro" del nostro corpo. Se questa parte è debole il corpo intero è debole.

Come mai?

Perché è proprio in questa zona centrale che si trovano organi preziosi, direttamente collegati alla salute e al benessere della donna.

Una debolezza pelvica è fonte di numerosi disturbi: addome prominente, atonia vaginale, disturbi mestruali e ginecologici, incontinenza urinaria fino ai prolassi pelvici. Anche la sessualità ne risente: raggiungere il piacere è molto più difficile.

La pelvi: *UNA PARTE DEL CORPO IGNORATA.* Per la maggior parte delle donne la pelvi è solamente una parte del corpo che ha a che fare con i glutei, i fianchi, il pube e i genitali esterni. Tutto qui. La zona pelvica, nel suo complesso, è piuttosto *ignorata*.

Come se non esistesse.

Le notizie su questa parte del corpo scarseggiano. Abbiamo poca familiarità anche con i suoi termini. A scuola non ci viene insegnato quasi niente a proposito. E chi studia il corpo umano all'università non riceve molte più informazioni. Una dimostrazione è il fatto che nei libri di anatomia si trovano poche notizie a riguardo. Nell'ambito della ginecologia l'area pelvica viene spesso considerata come qualcosa di secondario e poco rilevante. Perfino chi si occupa di attività motoria considera la ginnastica pelvica come una novità, una moda, o un aspetto marginale di programmi rivolti ai glutei o agli addominali.

La pelvi, per la maggior parte delle donne, è quindi una zona *sconosciuta*.

Scopriremo però che questa parte del corpo *influisce* notevolmente sul benessere femminile. E scopriremo anche che le donne soffrono inutilmente di tanti disturbi e di una vita sessuale poco soddisfacente perché non la conoscono. Non sanno cosa la rende così importante.

E non sanno che esistono esercizi specifici per mantenerla forte e sana. Con grande beneficio per la salute in generale.

✓ Chi sono io e com'è nata Gymintima

Un percorso ideato da una donna per le donne

Io sono specializzata in Naturopatia, una scienza antica ma di recente diffusione, che si avvale esclusivamente di metodiche naturali per mantenere il benessere e curare la malattia. Ecco perché può essere definita come "*guarigione con la natura*". Ho lavorato lungamente in questo campo come ricercatrice indipendente, spostandomi all'estero e ho ideato un mio metodo di cura naturale: la *Naturopatia Oberhammer*®.

Ma il solo approccio scientifico non mi bastava. Come donna volevo qualcosa di più, che mi coinvolgesse profondamente. Per questo motivo mi sono anche interessata alla dimensione femminile, a livello fisico, psichico e spirituale. In questa direzione ho seguito un percorso con una donna, che definisco la mia guida, la mia Maestra. Il suo nome è Mila Raisse. Lei proveniva da un'antica tradizione femminile. Il mio itinerario di crescita personale insieme a lei è durato tanti anni e mi ha portato a ideare un programma dedicato alle donne: *La Via Femminile*®.

Ho scritto dei libri a riguardo, nei quali racconto di questa mia esperienza e di ciò che ho imparato all'interno di questa tradizione tramandata da donna a donna.

Quindi, se la Naturopatia è la mia *professione*, la Via Femminile è la mia *passione*!

All'interno dei programmi da me ideati si inserisce Gymintima, un metodo dedicato al benessere attraverso la ginnastica intima.

È il risultato di anni di esperienza e lavoro con tantissime donne.

A cosa mi sono ispirata per creare questo metodo?

A tante tecniche diverse.

Gymintima riunisce le esperienze che ho avuto l'opportunità di fare in varie parti del mondo. Ho trovato spunti validi negli esercizi medici del ginecologo Kegel, nelle tecniche motorie, nelle pratiche orientali, nelle danze rituali. Ma tante tecniche di Gymintima le ho apprese da Mila, io stessa ho appreso le conoscenze che le sono state tramandate dall'antica Tradizione Femminile a cui lei apparteneva.

Gli esercizi di Gymintima sono sequenze piacevoli e stimolanti: prevedono contrazioni ritmiche della muscolatura pelvica, ondeggiamenti, danze e movimenti armonici. Li ho elaborati e selezionati dopo una lunga pratica, scegliendo solo i *migliori*, quelli più *efficaci*.

✓ La ginnastica intima fa bene a tutte

L'utilità di Gymintima

Sei una giovane madre che ha avuto da poco il suo bambino?

Sei una ragazza alle prese con i cambiamenti del ciclo mestruale?

Sei una donna che si sta avvicinando alla menopausa, oppure hai già passato questo periodo da tempo?

Qualunque sia la tua età, qualunque sia il tuo stile di vita, Gymintima è utilissima per ogni donna. I programmi contenuti in questo libro ti serviranno a stare meglio, a ottenere un aspetto più gradevole e a migliorare il tuo benessere.

Il metodo Gymintima è quindi indicato per *tutte* le donne.

È utile per quelle più giovani che spesso si fanno domande su parti del corpo ancora considerate tabù. È utile per le donne dopo la gravidanza, quando sentono che qualcosa "lì" è cambiato. È utile per le donne in menopausa, per mantenersi sane e giovanili. È utile per le donne che vogliono percepire meglio il proprio corpo, avere una pancia più piatta e tonica, risolvere i disturbi ginecologici, vivere la sessualità con maggiore appagamento.

E sentirsi più femminili.

✓ La ginnastica intima è solo per le donne?

No, è anche per gli uomini

Questo libro è rivolto al mondo femminile.

Ma Gymintima non è un metodo efficace solo per le donne.

Lo è anche per gli uomini.

Anche il sesso maschile può beneficiare di questo programma. Per esempio per migliorare tanti disturbi dell'apparato genito-urinario ma anche per potenziare le prestazioni sessuali.

✓ È facile da praticare?

Sì, è facilissimo

Gymintima può essere praticata con facilità da ogni donna.

Tra le donne che hanno imparato questo programma, molte non facevano ginnastica da anni. Alcune non avevano mai fatto attività motoria. Ma tutte, senza eccezione, hanno appreso con facilità il metodo e gradualmente sono diventate più abili. I loro muscoli si sono rafforzati e tanti disturbi sono spariti. E tutte si sono sentite meglio. A qualsiasi età. E in più sono entrate in contatto con la loro dimensione femminile.

Per addentrarci meglio nel metodo Gymintima conosciamo ora...

Il malessere pelvico

Quando c'è qualcosa che non va

I sintomi del malessere pelvico sono spesso indefiniti, specie agli inizi. Ecco i segni a cui fare attenzione:

- *la pancia che non si appiattisce nonostante la ginnastica addominale;*
- *un senso di pesantezza, o congestione, o pressione all'interno del bacino;*
- *una sensazione di eccessivo rilassamento della parete addominale inferiore;*
- *dilatazione e rigonfiamento addominale;*
- *scarsa percezione del pene durante la penetrazione;*
- *difficoltà a raggiungere l'orgasmo, oppure orgasmo poco intenso;*
- *dolori lombari ciclici;*
- *difficoltà nella minzione, per esempio urgenza improvvisa di urinare, oppure pesantezza preminzionale;*
- *difficoltà a contenere l'urina, accompagnata spesso a perdite;*
- *ptosi pelvica, cioè abbassamento degli organi collocati nel bacino;*
- *difficoltà a mantenere i tamponi interni.*

✓ I segnali di allarme

È difficile accorgersene

Ci sono ma non li sentiamo.

Spesso non è facile accorgersi che nell'area pelvica qualcosa non va. Perché? Perché questi disturbi non sono subito evidenti, non si manifestano all'improvviso come può farlo un'infiammazione, o una contrazione muscolare. Non si presentano immediati, in modo definito e riconoscibile ma si instaurano *lentamente* e *progressivamente* negli anni.

Sono quindi disturbi subdoli.

Quando diventano realmente evidenti significa che sono iniziati già da molto tempo.

Inizialmente questi disturbi sono sporadici. E neanche troppo fastidiosi. Quasi sempre vengono considerati come un momento di affaticamento passeggero. Si interviene con un rimedio, un farmaco specifico, una terapia localizzata. Il disturbo si attenua e non ci si pensa più. A volte possono accentuarsi nel periodo mestruale. La prima cosa che le donne pensano, di solito, è a un problema del ciclo. Non certo allo stato della muscolatura pelvica. Spesso, inoltre, occorrono anni prima che questi malesseri diventino davvero gravi. Il corpo, certamente lo sai per esperienza, convive e si adatta alle situazioni non equilibrate: a una colonna vertebrale disallineata, a una carenza minerale, a una postura scorretta, a una respirazione contratta... Lo squilibrio può instaurarsi a nostra insaputa e noi ce ne accorgiamo solo nel tempo.

Nel caso della muscolatura pelvica è ancora più difficile scoprirlo: può passare molto tempo prima che il malessere diventi grave e manifesto.

Se invece sappiamo in che modo progrediscono questi disturbi, possiamo accorgercene. Seguono tre stadi successivi, come puoi leggere nella tabella che segue.

I tre stadi dei problemi pelvici

Prima si interviene meglio è

I sintomi dei disturbi pelvici si manifestano di solito con questa sequenza

I° stadio: **UN DISAGIO CHE INIZIA**. Tessuti un po' troppo rilassati. Soprattutto a livello vaginale. È la lassità pelvica, cioè la perdita di tono muscolare. In questo primo stadio la donna percepisce la vagina come più aperta. È il primo avviso che qualcosa non è come dovrebbe essere. L'atonia pelvica è particolarmente evidente durante il rapporto sessuale: a causa del rilassamento delle pareti vaginali, la donna non "sente" a sufficienza il pene del partner durante la penetrazione.

Questo primo livello di debolezza pelvica nella maggior parte dei casi è dovuto al parto. Compare però anche nelle donne che per molto tempo hanno sollevato pesi eccessivi. Oppure in chi soffre di attacchi di tosse cronica. O semplicemente se la muscolatura pelvica è di per sé poco tonica per debolezza congenita.

2° stadio: **IL DISAGIO SI AVVERTE PIÙ SPESSO**. Nello stadio successivo il bacino viene avvertito più pesante, con il senso di "qualcosa" che grava verso il basso. In alcune situazioni particolari si fa ancora più evidente, ed è quando il peso del corpo sollecita maggiormente la pelvi: per esempio quando si prende in braccio un bambino, o si sta in piedi a lungo, o si salgono le scale, o si cammina in salita. Può succedere anche quando ci si stanca molto. Sono tutte condizioni in cui la pesantezza pelvica può accentuarsi. Spesso si avverte una sensazione di pressione in direzione della vagina.

Per alcune donne il periodo più critico si presenta pochi giorni prima o all'inizio del flusso mestruale: la congestione pelvica e il gonfiore accentuano infatti il disturbo.

Il senso di compressione e pesantezza possono aumentare anche con la menopausa: in questa fase i tessuti indeboliti si allentano ulteriormente per la diminuita produzione di estrogeni.

3° stadio: **IL DISTURBO È EVIDENTE**. Nell'ultimo stadio si avverte la sensazione di "qualcosa" nella vagina. È lo stadio più grave: l'utero, dalla sua posizione naturale, discende verso il basso. Per arrivare a questa situazione sono occorsi tanti anni, durante i quali non si è mai intervenuti. Spesso sarebbe bastata la ginnastica intima, fatta per tempo, per non giungere a tali condizioni.

In quest'ultimo caso, purtroppo, può essere necessario l'intervento chirurgico. L'abbinamento con la ginnastica pelvica è però fondamentale: permette di ristabilirsi più facilmente ed evitare complicazioni future.

✓ Disturbi da nascondere

Non te lo dico

I disturbi descritti hanno innanzitutto una caratteristica.

Sono imbarazzanti.

Le donne li confessano con difficoltà, anche al medico.

La sfera genito-pelvica è infatti una zona ancora troppo spesso carica di tabù. Non solo le donne di una certa età, ma anche quelle più giovani si sentono a disagio a parlare dei disturbi che coinvolgono la sfera intima.

✓ Si può fare qualcosa?

Sì, si può fare molto

L'atteggiamento della medicina ufficiale verso questi problemi femminili è generalmente di "attendismo".

Si aspetta.

«Stia a vedere cosa succede», oppure: «Proviamo ad aspettare, poi vedremo se c'è necessità di intervenire».

Di fronte ai malesseri confinati nell'area pelvica, risposte di questo tipo sono piuttosto frequenti. Molte donne se le sono sentite dire, dopo aver descritto i loro sintomi. La medicina ufficiale spesso "aspetta". Attende che la situazione evolva.

Ma aspettare non serve a niente. Anzi peggiora il problema, perché il tempo è *nemico* di questa situazione.

Quando le cose peggiorano, la medicina ufficiale ricorre all'intervento chirurgico. Ma in realtà, se si intervenisse per tempo, la chirurgia potrebbe essere evitata. In alcuni casi purtroppo l'intervento chirurgico è addirittura proposto senza una reale necessità.

In effetti la medicina ufficiale considera scarsamente la ginnastica pelvica. Pochi sono i medici che la conoscono e sanno indirizzare a un intervento di questo genere. Le donne quindi pensano che questi disturbi siano inevitabili: è il prezzo da pagare per le gravidanze, per il passare degli anni oppure solo per una debolezza congenita.

Ma in realtà non è così.

Si può fare qualcosa per questi problemi, anzi si può fare molto.

La mia proposta è Gymintima.

Andiamo ora a conoscerne la provenienza.
Scopriamo...

Le origini di Gymintima

Storie di ieri e storie di oggi

La ginnastica intima è "nuova" solo per noi occidentali.

Ma in molte altre parti del mondo non lo è.

La stimolazione pelvica in diverse culture è una pratica antica.

Esiste da migliaia di anni e la storia lo dimostra. Questa particolare forma di allenamento dei muscoli del bacino è infatti diffusa in numerosi Paesi: in India, in Cina, in Africa e nel mondo arabo, per citarne solo alcuni.

✓ Millenni di pratica

La tradizione orientale

Se in Occidente la contrazione dei muscoli pelvici sembra un fatto nuovo e a volte strano, in Oriente esiste una tradizione consolidata nell'insegnamento di queste particolari tecniche. Il controllo dei muscoli pelvici non è istintivo, quindi le donne imparano come farlo.

Presso i popoli orientali lo sviluppo della muscolatura pelvica ha spesso avuto un riferimento alla sessualità. Questa pratica antica è tramandata anche nei testi sacri, per esempio nell'indiano *Kāma Sutra*: un buon controllo della muscolatura intorno alla zona genitale permette di contrarre le pareti della vagina attorno al pene durante il rapporto sessuale, aumentando la stimolazione e di conseguenza il piacere. In Thailandia, per esempio, l'allenamento dei muscoli pelvici fa parte degli insegnamenti che vengono dati alle giovani spose.

Riporto una notizia curiosa che ha lo scopo di far comprendere le potenzialità della muscolatura pelvica. Se vai in Thailandia potresti avere l'occasione di assistere a un *life-show* in cui, tra l'incredulo e il divertito, vedresti donne che aspirano delle palline con la vagina per poi espellerle con grande forza riuscendo a tirarle a più metri di distanza. Riporto questo dato, di discutibile gusto, per un motivo: ogni donna deve sapere che la sua muscolatura pelvica può diventare molto potente.

E che lo sviluppo di questa tonicità può offrirle salute e benessere dell'area genitale e degli organi del bacino. E un piacere sessuale molto più intenso.

Le antiche danze femminili: *IL BACINO IN MOVIMENTO, MA CON ATTENZIONE.* I balli caraibici, lo *hula* delle polinesiane, le danze tribali africane e sudamericane e la ben nota danza del ventre: cos'hanno in comune queste danze etniche? Il movimento ritmico del bacino che viene scosso, fatto ondeggiare e vibrare, andando così ad agire sulla muscolatura pelvica.

In particolare la danza del ventre associa una serie di movimenti ritmici e veloci che stimolano i gruppi muscolari del bacino. Il suo significato non è solo – come molti credono – quello di una tipica danza da harem, in cui la donna seduce l'uomo. Questa danza in realtà crea una stimolazione nell'area genitale.

È importante però fare una *precisazione* sulla danza del ventre. Come su molte danze etniche.

Queste tecniche, oggi molto in voga, non sono la via più sicura per stimolare la muscolatura pelvica. Soprattutto per la donna occidentale. I movimenti possono infatti causare scompensi. Perché richiedono una flessibilità vertebrale che spesso manca. Lombalgie e alterazioni del bacino sono un pericolo sempre in agguato per chi pratica queste danze con poca preparazione fisica. L'eccessivo irrigidimento della muscolatura pelvica, sovrastimolata rispetto alle proprie capacità, può causare disturbi di vario genere.

Lo yoga: SPECIALI TECNICHE PELVICHE. Il controllo e la stimolazione dei muscoli interni del bacino è presente anche in diverse pratiche yoga. Con le tecniche definite *bandha* – che significa stringere – vengono attuate delle contrazioni interne. Lo scopo è di massaggiare gli organi, di rimuovere la stasi pelvica e di stimolare la rete di innervazione, migliorando la funzionalità fisica e liberando il flusso energetico.

✓ La scienza dell'Occidente

Gli studi del dottor Kegel

Solo di recente il mondo occidentale si è interessato alla muscolatura pelvica e ha colto nel suo potenziamento un interessante aspetto terapeutico. Il merito è in gran parte del dottor Arnold Kegel, ginecologo americano.

Intorno al 1950 il dottor Kegel fece un'interessante scoperta: notò che diversi disturbi, come la difficoltà a provare l'orgasmo o l'incontinenza, erano spesso collegati a una scarsa tonicità dei muscoli pelvici. Mise a punto allora una serie di esercizi per la contrazione dei muscoli della zona genitale, che furono applicati con esiti favorevoli.

Il dottor Kegel, interessandosi alla muscolatura pelvica, fu quindi il primo in occidente a intuire la validità terapeutica di una ginnastica specifica per la pelvi. Ancora oggi i suoi esercizi sono utilizzati da alcuni ginecologi, urologi e sessuologi per aiutare le donne nella cura delle patologie genito-urinarie e per migliorare la capacità di raggiungere l'orgasmo.

Gli esercizi per la muscolatura pelvica hanno così acquisito un carattere più scientifico, anche se tuttora sono poco diffusi e scarsamente utilizzati dalla medicina ufficiale.

✓ L'antica tradizione femminile

Tecniche per le donne

La mia esperienza di crescita personale, come ho accennato all'inizio, si è sviluppata all'interno di un'antica tradizione femminile, seguendo gli insegnamenti di Mila Raisse, dalla quale ho appreso tante pratiche che fanno parte di Gymintima.

Nel libro *Femminile Sconosciuto* (vedi in fondo al libro a p. 174) racconto la mia esperienza. In questo testo riporto invece le tecniche che riguardano la stimolazione pelvica, estrapolate dalla loro fonte d'origine.

Dopo questa breve panoramica sulla storia addentriamoci ora nel metodo di Gymintima.

Alla scoperta della pelvi: viaggio in un luogo sconosciuto

Cos'è la pelvi?

Il centro del nostro corpo

Ma la pelvi che cos'è?

Molte donne non lo sanno con esattezza. Ecco perché può dirsi un luogo sconosciuto.

Quest'area del corpo, più evidente nel sesso femminile dall'ampiezza e dalla rotondità dei fianchi, è spesso dimenticata.

Il primo scopo di Gymintima è quello di far riscoprire questa parte.

Il "centro" del nostro corpo. Per conoscerla, acquisire confidenza e riappropriarsene.

Ecco quindi l'esigenza di avere alcune informazioni sull'anatomia pelvica.

✓ Proprio come un grande vaso

Un contenitore robusto ed elastico

Immaginati davanti a uno specchio. Osserva la tua figura e appoggia le mani sui fianchi. Ecco, la pelvi è questa. È una parte fondamentale del corpo umano. Ed è anche una parte importante del tuo corpo di donna.

Dire "pelvi" o dire "bacino" è la stessa cosa: queste due parole sono sinonimi. Il termine *pelvi* deriva dal latino "*pelvis*" e significa "*catino*", "*bacile*". In effetti, se osservi un'immagine anatomica della pelvi, la prima cosa che si nota è proprio la sua forma, che ricorda molto da vicino un *grande vaso*.

La pelvi è un vero e proprio *contenitore*.

Se appoggi la mano sull'addome, sotto l'ombelico, senti la morbidezza degli organi adagiati al suo interno. Spostandoti sui lati, con le dita puoi invece avvertire il robusto spessore delle ossa che la formano.

Ma la pelvi non è costituita solo di ossa. La sua *struttura è* rivestita all'interno da guaine muscolari e legamenti. Intrecciandosi gli uni con gli altri, la chiudono sul fondo. E formano un piano di appoggio solido e stabile, come un basamento. Viene infatti chiamato *pavimento pelvico*.

Questa straordinaria impalcatura, robusta ed elastica al tempo stesso, costituisce il sostegno ideale per i delicati organi che contiene.

Termini e sinonimi nell'anatomia

Per capire e imparare con facilità

Una delle difficoltà nel comprendere l'anatomia spesso risiede nel fatto che i termini e i relativi sinonimi tante volte non vengono definiti correttamente. I *termini* in alcuni casi sono utilizzati impropriamente; i *sinonimi* invece sono spesso introdotti nel discorso senza specificare che hanno lo stesso significato della parola utilizzata in precedenza. Tutto ciò causa confusione, specialmente per chi conosce poco l'argomento.

Il **"pavimento pelvico"**: QUAL È IL NOME GIUSTO? Rafforzare il perineo, esercitare il pubo-coccigeo, lavorare sul *diaframma pelvico*: sono termini scientifici che vengono spesso usati – verbalmente e nei testi – per indicare genericamente il pavimento pelvico. Impropriamente però.
Questi termini infatti sono i nomi di alcuni segmenti del pavimento pelvico. Non della struttura muscolare completa. Si crea così confusione sulla localizzazione e sull'uso corretto delle voci. Per questo motivo, quando descrivo l'anatomia, chiarisco innanzitutto i *termini*, la loro *definizione* e i loro *sinonimi*.

Le tabelle: CI SONO ANCHE I SINONIMI. La chiarezza, in questo libro, viene proposta attraverso le tabelle e le illustrazioni anatomiche. Diverse le trovi nel testo, altre – quelle un po' più specialistiche – le trovi nella sezione in fondo (vedi le *tabelle aggiuntive* a p. 165).
I sinonimi nelle tabelle sono sempre presentati con il segno dell'uguale (=), vicino al termine considerato come principale.

Ecco un esempio: LA PELVI = Bacino.

Specifico che nel testo utilizzo solo i termini, e non i sinonimi, per evitare inutile confusione. Solo in alcuni casi sarà usato il termine e anche il suo sinonimo. Verrà indicato quando.
Un termine e il suo sinonimo che vengono costantemente utilizzati in questo testo sono "la pelvi" e "il bacino". Ambedue hanno lo stesso significato.

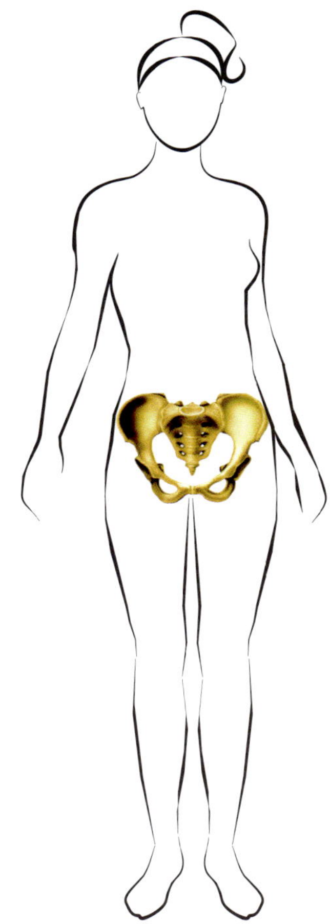

LA PELVI

TERMINE	• La pelvi = *bacino*
LOCALIZZAZIONE	• La pelvi è situata nella zona centrale del corpo, alla base del tronco. È a contatto con la colonna vertebrale e appoggia sui femori, le ossa lunghe delle cosce
STRUTTURE	• Pelvi ossea = *bacino osseo / cingolo pelvico / cintura pelvica* • Pavimento pelvico = *piano pelvico* • Legamenti e articolazioni
FUNZIONI	• È la parte centrale del corpo: costituisce un ponte di collegamento tra la parte superiore e inferiore • Contenimento, sostegno e protezione degli organi interni • Ammortizzamento e coordinazione dei vari movimenti del corpo • Definizione del portamento e della postura • Nella pelvi vengono accumulati, in attesa di essere espulsi, i prodotti di scarto della digestione e di altre funzioni corporee • Accoglienza del feto durante la gravidanza
ORGANI CONTENUTI	• Organi genitali • Intestino: parte del tenue, del colon e il retto • Apparato urinario: la sua porzione inferiore • Vasi sanguigni • Vasi linfatici • Fasci nervosi sacrali
PARTI DEL CORPO COLLEGATE	• Colonna vertebrale • Muscoli del dorso • Muscoli addominali • Arti inferiori

✓ Cosa contiene la pelvi?

Gli organi del bacino

È facile scoprire quali organi sono nascosti nella pelvi. Perché? Perché la pelvi è la nostra zona più "viscerale": i suoi organi ci inviano sensazioni continue, per esempio quando la pancia si gonfia per una cattiva digestione. O per la colite. Quando prima dell'arrivo delle mestruazioni sentiamo un peso al basso ventre. O quando dobbiamo correre in bagno perché avvertiamo la vescica troppo piena. Sensazioni che hanno una diversa causa organica. Ma che si riassumono tutte in un unico centro: l'area pelvica.

La pelvi ha sufficiente spazio per contenere organi che sono preposti a più funzioni: sono gli organi della digestione, della riproduzione e dell'eliminazione.

Questi organi principalmente sono:

- gli *organi genitali*: l'utero, le ovaie e la vagina;
- l'*intestino*: parte del tenue, del colon e il retto;
- l'*apparato urinario*, con la sua porzione inferiore: una parte degli ureteri, i condotti che dai reni scendono alla vescica, la vescica e l'uretra;
- i *vasi sanguigni e linfatici*, che da qui scendono lungo gli arti inferiori;
- i *fasci nervosi*, provenienti dal tratto sacrale della colonna vertebrale del sistema nervoso autonomo.

Il pavimento pelvico

I muscoli della femminilità

Puoi sentirlo quando sali in bicicletta: è la parte del bacino che appoggi sulla sella. Il suo nome è "pavimento pelvico". Un termine unico che indica una complessa struttura muscolare.

I muscoli del pavimento pelvico, intrecciati insieme, formano la parte inferiore del bacino: un vero e proprio "pavimento", sì, ma dalla forma concava.

Nonostante il pavimento pelvico svolga funzioni di grande importanza per il nostro corpo, non si può dire però che sia molto conosciuto. È scarsamente citato e descritto. Anche nei testi di medicina. Persino i programmi di ginnastica raramente si occupano di questa struttura muscolare: tante donne nemmeno conoscono la sua esistenza. Ma è un peccato che il pavimento pelvico resti ignorato. Perché si tratta di una struttura muscolare davvero importante per il nostro benessere.

I muscoli pelvici, come constateremo, hanno un ruolo fondamentale per quanto riguarda la salute femminile, la sessualità, la gravidanza e anche l'estetica. Il pavimento pelvico può infatti essere definito una tra le parti muscolari più importanti della femminilità.

Non si tratta però di muscoli "per sole donne". Questa struttura, spesso dimenticata, ha un grande rilievo anche per l'uomo. Con alcune varianti, si presenta, infatti, abbastanza simile nel sesso maschile. Questo libro è però dedicato alle donne, quindi l'anatomia verrà trattata soprattutto dal punto di vista femminile.

✓ Cos'è il pavimento pelvico

Un'amaca morbida e resistente

Immagina un'amaca annodata a due alberi. È concava ed elastica. Se ti sdrai al suo interno senti il corpo che si incurva dolcemente perché – a differenza di un letto rigido – è morbida e avvolgente. Il pavimento pelvico assomiglia proprio a un'amaca. È la parte "morbida" del bacino.

Un delicato e resistente sostegno fatto di muscoli e legamenti.

Chiude la struttura pelvica alla base.

Sapientemente intrecciati, i muscoli e i legamenti pelvici sono sospesi tra le ossa situate alla base del bacino: il sacro, il coccige, l'ischio e il pube.

Questa guaina è come una "chiusura" elastica e flessibile.

Nella donna è attraversata da tre aperture: la *vagina*, l'*uretra* e l'*ano*.

✓ Dove si trova il pavimento pelvico
Localizzazione e confini

Proprio come un pavimento, questa struttura muscolare è adagiata sul fondo della pelvi. Ne occupa tutta la base. Raggiunge in avanti il monte di Venere, dietro le natiche e sui lati le cosce. Più in dettaglio, i vari muscoli che lo compongono si tendono dal coccige al pube, circondando l'apertura dell'uretra, della vagina e del retto.

Ora immagina di osservare il pavimento pelvico dall'esterno, in orizzontale: vedresti una forma a losanga, i cui vertici corrispondono:

- *in avanti*, alla sinfisi pubica;
- *indietro*, al coccige;
- *ai lati*, ai due ischi.

Inoltre ha come *base* la cute e come *volta* il diaframma pelvico, lo strato muscolare del pavimento pelvico più profondo.

IL PAVIMENTO PELVICO
SEZIONE LATERALE

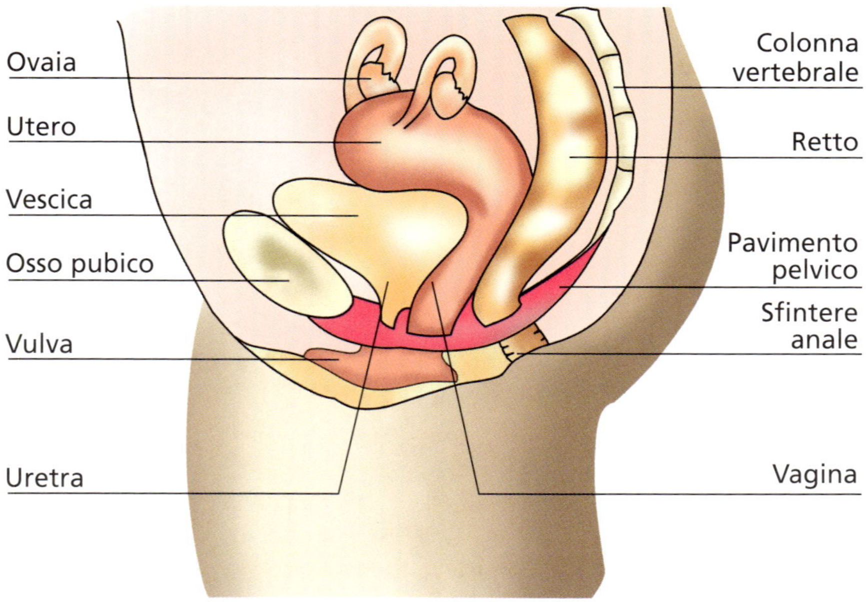

✓ Stabile ma flessibile

Le funzioni del pavimento pelvico

Stabile ma estensibile. Robusto ma flessibile. Il pavimento pelvico è una struttura davvero particolare: possiede caratteristiche uniche, che gli permettono di svolgere contemporaneamente funzioni diverse.

Ti sostengo io: *ORGANI MANTENUTI IN ASSETTO.* Uno starnuto o una risata fragorosa per i nostri organi sono come piccole esplosioni: la pressione interna aumenta all'improvviso. Ma la muscolatura pelvica assorbe il contraccolpo. Riesce a "contenere" la pressione e a proteggere gli organi: più questi muscoli sono forti ed elastici, più possiamo contare sulla loro efficienza nel sostenere i visceri che, per la forza di gravità, tendono ad abbassarsi e a scendere nella cavità addominale.

Se la vescica mantiene la sua padronanza, se la vagina resta tonica, se l'utero non scivola dalla sua posizione lo dobbiamo alla forza del pavimento pelvico e delle sue strutture legamentose.

Tutto sotto controllo: *LE FUNZIONI FISIOLOGICHE CHE SI COMPIONO NELLA PELVI.* Ogni volta che l'ultimo tratto dell'intestino si contrae – durante il transito delle sostanze da eliminare – sono coinvolti i muscoli pelvici. Lo stesso, quando la vescica è impegnata a controllare il flusso dell'urina. E, ancora, durante le contrazioni vaginali. Il pavimento pelvico, oltre alle funzioni di sostegno, deve anche consentire il passaggio dei tratti

IL PAVIMENTO PELVICO

TERMINE	• Il pavimento pelvico = Piano pelvico
APPARATO	• Locomotore → muscolo-tendineo
LOCALIZZAZIONE	• Occupa la parte inferiore della pelvi e la chiude inferiormente come un vero e proprio pavimento dalla forma concava. È teso dal coccige al pube e lateralmente verso gli ischi
STRUTTURE	• Muscoli (i 3 strati muscolari) • Tendini • Aperture verso l'esterno: - Orifizio uretrale = *meato urinario / meato uretrale* - Apertura vaginale - Ano
FUNZIONE	• Sostegno degli organi addominali e pelvici e contenimento della pressione intra-addominale • Controllo di importanti funzioni quali: - L'eliminazione (urine e feci) - Il rapporto sessuale - La gravidanza e il parto

terminali dell'apparato digerente, urinario e genitale. Questa fascia muscolare molto complessa mantiene chiusi gli orifizi dell'uretra, dell'ano e della vagina, punti di passaggio del corpo che regolarmente devono aprirsi: per consentire lo svuotamento della vescica e del retto; e permettere il rapporto sessuale e il parto.

Due funzioni in contrasto tra loro: *IL PAVIMENTO PELVICO PUÒ FARLO.* Il pavimento pelvico, in sintesi, è chiamato a svolgere due funzioni fondamentali del nostro corpo, in netto contrasto tra loro:

- *TONICITÀ*: deve sostenere gli organi pelvici e la pressione endoaddominale, funzione che sarebbe meglio soddisfatta da una struttura tonica e continua, senza aperture.
- *RILASSAMENTO E DILATAZIONE*: deve consentire eventi fisiologici come l'emissione di urina e feci. O il rapporto sessuale. O il parto. Funzioni che richiedono rilassamento e dilatazione. L'apertura necessaria per la nascita, per esempio, è talmente ampia da interessare l'intero pavimento pelvico.

Il pavimento pelvico è quindi una sofisticata struttura muscolo-legamentosa che concilia le esigenze di robustezza e tonicità alle necessità di espansione e dilatazione. Per questo motivo la sua efficienza è dovuta non solo all'integrità delle sue strutture, ma anche alla tonicità dei suoi muscoli.

È facile comprendere che cosa può succedere quando il pavimento pelvico, trascurato e poco conosciuto, non è in grado di svolgere efficacemen-

IL PAVIMENTO PELVICO
VISIONE FRONTALE

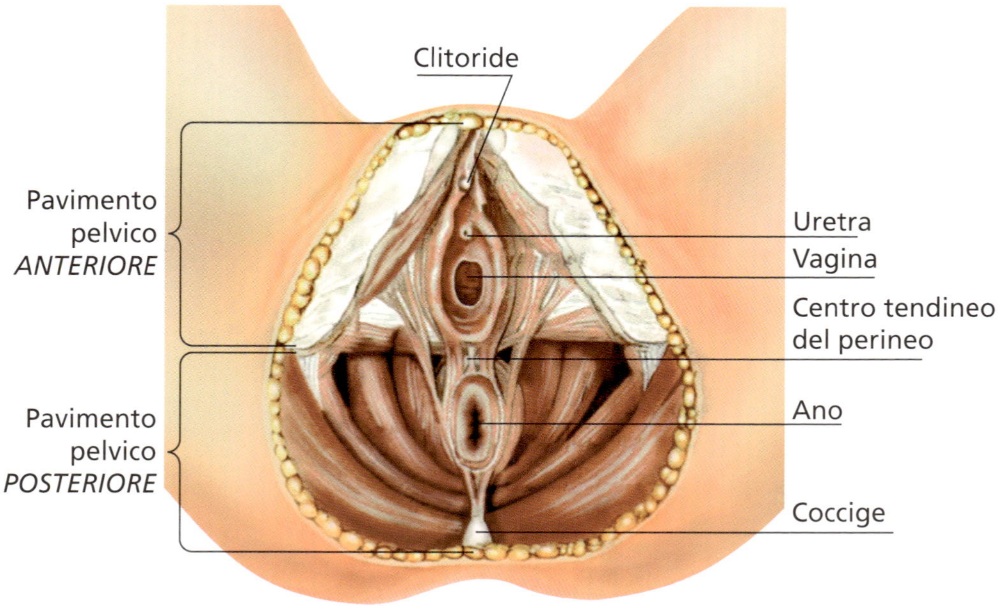

te i suoi compiti: si hanno ripercussioni su diversi organi e funzioni del nostro corpo. Pensa invece ai benefici che riusciamo a ottenere quando conosciamo questa struttura muscolare e sappiamo percepirla dentro di noi: possiamo usarla in modo mirato, potenziarla e rilassarla a nostro piacimento.

✓ I muscoli del piacere

I muscoli perivaginali

La parte del pavimento pelvico che circonda la vagina è genericamente definita *muscolatura perivaginale*: imparando a muovere questi muscoli si mantiene la vagina tonica e si possono eseguire delle tecniche che stimolano intensamente il piacere sessuale.

✓ La pressione endoaddominale

Attenzione alla spinta!

Prova a sentire cosa accade a livello addominale se ti soffi il naso. Oppure se ridi. O se tossisci. Ti accorgerai di una cosa importante: aumenta la pressione chiamata *endoaddominale*. Succede anche quando respiri, o durante l'evacuazione, o con uno starnuto. Anche semplicemente parlare è un'azione che coinvolge la struttura pelvica nel meccanismo della pressione addominale.

La cavità pelvica è quindi un sistema sottoposto a pressione. La sua tonicità muscolare è quindi particolarmente importante. Per ottenerla sono necessarie però tecniche mirate. Gymintima ha proprio questo scopo.

IL PAVIMENTO PELVICO
IN RAPPORTO ALLE OSSA

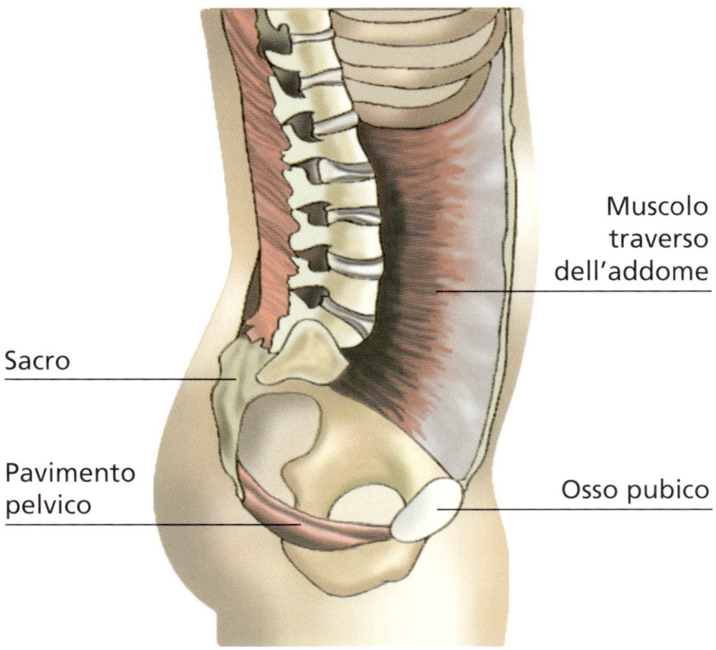

✓ Lei dev'essere più attenta di lui

Il pavimento pelvico nella donna è più vulnerabile

Se sollevi un mobile o una cassa da terra, o se di continuo trasporti borse pesanti su per le scale, fai attenzione: per te che sei una donna queste azioni sono più a rischio. Per quale motivo? Perché il tuo pavimento pelvico è diverso da quello dell'uomo. Non ha solo due aperture all'esterno. Ne ha tre. È questa differenza anatomica – l'apertura vaginale – che rende il pavimento pelvico delle donne più *vulnerabile* di quello degli uomini. I muscoli pelvici possono infatti contare su un minore sostegno, e quindi sono più deboli.

La donna deve perciò fare più attenzione alle attività che provocano un forte aumento di pressione nel bacino: perché può gravare sul pavimento pelvico. Queste azioni sono invece meno rischiose per la muscolatura pelvica maschile, perché più robusta.

Il parto, inoltre, spesso sforza il pavimento pelvico rendendolo meno tonico o addirittura lacerandolo nei punti più sottoposti a pressione.

Nella donna, rispetto all'uomo, è quindi più facile che si verifichi un prolasso degli organi addominali. Per questo motivo irrobustire la muscolatura pelvica femminile è particolarmente importante.

Il perineo: piccolo ma fortissimo

Se si indebolisce sono problemi

Non possiamo pensare di esercitare i muscoli del bacino se prima non impariamo a conoscere bene un grande protagonista della contrazione pelvica: il perineo.
Spesso impropriamente utilizzato come sinonimo del pavimento pelvico, il perineo è in realtà quella parte del corpo compresa tra i genitali e l'ano: nella donna si trova tra la parte finale della vulva e l'ano, nella cosiddetta zona perineale.

Il centro tendineo del perineo: *UN PUNTO IMPORTANTE.* Se tocchi il perineo puoi sentire la pelle liscia e sottile: eppure è la parte più forte del pavimento pelvico, quella che può sopportare la sollecitazione più intensa. In questa area convergono infatti i fasci muscolari del pavimento pelvico, in un punto chiamato *centro tendineo del perineo*, o incrocio del perineo: è uno strato fibroso resistentissimo che dà solidità e robustezza a tutta la struttura. È come un arco di sostegno di questo edificio muscolare. La sua resistenza è dovuta al fatto che le fibre non sono disposte una accanto all'altra ma si incrociano e intersecano tra loro.
Il centro tendineo del perineo è quindi un punto molto importante per la "tenuta" di tutto il pavimento pelvico. Quando si lacera questa parte, generalmente in seguito al parto, è da qui che iniziano i problemi di prolasso.
Secondo la tradizione orientale il perineo rappresenta il centro dell'energia erotica femminile. Questa robusta fascia muscolare rivestita da una cute sottilissima, è infatti riccamente innervata: da qui passano anche i vasi sanguigni e i nervi che raggiungono la clitoride, la primaria zona erogena della donna.

Il tocco perineale: *UN PRIMO SEGNALE DI TONICITÀ.* Il perineo è una parte esterna del corpo che permette di individuare con facilità il movimento della muscolatura pelvica. Se con un dito fai una leggera pressione sul perineo mentre pratichi gli esercizi pelvici, lo sentirai muoversi. Se non percepisci alcun movimento significa che la muscolatura è davvero priva di tono.
Tutte le modalità per effettuare questa verifica sono riportate nel capitolo "Autodiagnosi pelvica".

I muscoli del pavimento pelvico

Se non li conosci è difficile sentirli

Poco conosciuti, e in più ben nascosti: diversamente dai muscoli localizzati in altre parti del corpo, i muscoli del pavimento pelvico non sono facilmente localizzabili.

Se muovi un braccio ti accorgi subito del movimento combinato dei muscoli flessori ed estensori: puoi vederli, sentirli sotto la pelle e avvertire che si accorciano e si gonfiano. Oppure si distendono e si allungano. È facile capire il loro funzionamento perché puoi accertare se un braccio viene flesso o esteso. Allenare questi muscoli non è quindi difficile.

Ma ci sono muscoli che non muovono le giunture: questi muscoli non li puoi vedere. I muscoli pelvici sono proprio di questo tipo: nascosti. La particolare posizione rende ancora più difficile la loro percezione perché non li possiamo nemmeno toccare, se non in piccola parte.

Il più delle volte, i muscoli pelvici ci danno solo una sensazione generalizzata di qualcosa di morbido e contraibile. Ma, da fuori, non è facile capire né come sono fatti né come funzionano. Né il livello della loro tonicità. Allenare questi muscoli richiede quindi tecniche molto specifiche: solo così possiamo sviluppare una diversa sensibilità muscolare.

Per praticare bene Gymintima è perciò particolarmente utile conoscere l'anatomia dei muscoli pelvici: sarà più facile diventarne consapevoli e imparare a muoverli.

✓ I 3 strati muscolari pelvici
Un pavimento "a rete"

La base della nostra pelvi comprende una grande quantità di muscoli che sono raggruppati in 3 strati. Più precisamente:

- il 1° STRATO: lo *strato muscolare superficiale;*
- il 2° STRATO: lo *strato muscolare intermedio;*
- il 3° STRATO: lo *strato muscolare profondo.*

I tessuti muscolari della pelvi sono quindi sovrapposti. Si muovono però in sinergia, comportandosi come un unico muscolo. Tutto merito della loro struttura reticolata: invece di

I diversi strati muscolari: *IL 1°, IL 2° E IL 3°*. I 3 strati muscolari, da quello più superficiale a quello più profondo, sono:

- il 1° *STRATO MUSCOLARE*, cioè lo *strato superficiale*. È costituito dai muscoli:
  - *bulbocavernoso*
  - *sfintere anale*.

- Il 2° *STRATO MUSCOLARE*, cioè lo *strato intermedio.* È costituito dai muscoli:
  - *ischiocavernoso*
  - *diaframma uro-genitale*, formato a sua volta dai muscoli:
    - *sfintere striato dell'uretra*
    - *trasverso del perineo profondo*
    - *trasverso del perineo superficiale*.

- Il 3° *STRATO MUSCOLARE*, cioè lo *strato profondo*, detto anche il diaframma pelvico. È costituito dal muscolo:
  - *elevatore dell'ano*.

disporsi paralleli, gli strati muscolari si intersecano tra loro, formando una *rete*. L'intreccio dei singoli fasci si va poi ad allacciare alla struttura ossea del bacino. Scopo di questo intreccio muscolare è quello di fornire un sostegno flessibile ed elastico ma contemporaneamente resistente, per sorreggere al meglio gli organi pelvici.

I 3 strati muscolari pelvici svolgono funzioni specifiche. Le diverse azioni non sono però facilmente identificabili: occorre un certo allenamento. Conoscere l'esistenza dei diversi strati è però particolarmente utile per imparare a muoverli tutti.

A volte vengono proposti degli esercizi per stimolare questa muscolatura ma spesso la loro azione è blanda: si limitano a stimolare il 1° strato o in piccola parte il 2°. Con le tecniche di Gymintima si stimolano invece in profondità il 1°, il 2° e il 3° strato: il risultato è un'azione terapeutica e un'azione sul piacere sessuale.

E ora che hai conosciuto l'anatomia pelvica del tuo corpo sei pronta per scoprire...

Perché Gymintima è efficace: le azioni

I benefici della ginnastica intima

Azioni sulla pelvi, azioni su tutto il corpo

Il metodo Gymintima parte dalla pelvi. Ma non termina qui. I suoi benefici si estendono a tutto il corpo. Per conoscere i motivi dobbiamo però scoprire le sue azioni. Nella tabella qui di seguito sono elencate in sintesi. Nelle pagine successive sono descritte nei particolari. È utile scoprirle, per conoscere i motivi di certi disturbi a cui non riusciamo a trovare la soluzione, per conoscere meglio il nostro corpo e sviluppare salute, benessere e bellezza.

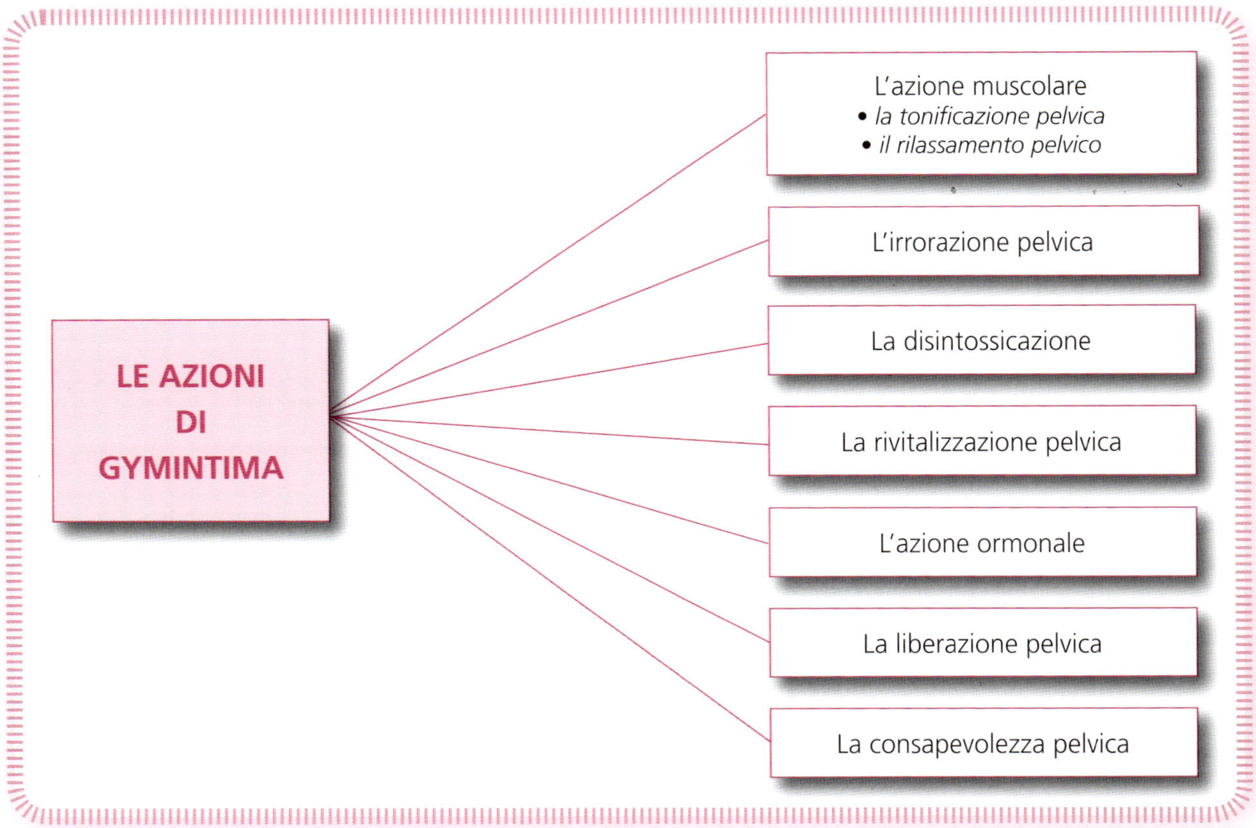

Tonificare e rilassare i muscoli intimi: l'azione muscolare

Perché è così importante saper tonificare e rilassare i muscoli pelvici

Se un qualsiasi muscolo non viene stimolato dall'esercizio fisico diventa *flaccido*; se viene invece contratto troppo diventa *rigido*. Accade con tutti i muscoli del nostro corpo, anche con quelli pelvici.

La prima azione di Gymintima è quindi un'azione a livello muscolare e parte da un presupposto importante: se non li esercitiamo, i nostri muscoli si *indeboliscono*. Se non siamo capaci di rilassarli, si *irrigidiscono*.

I muscoli pelvici si possono quindi tendere e distendere: entrambe le cose si possono fare coscientemente e vanno esercitate.

Nel metodo Gymintima la capacità di *tonificare* questi muscoli è tanto importante quanto quella di saperli *rilassare*.

La prima e importante azione riguarda perciò il tono muscolare, e più precisamente:

- la TONIFICAZIONE PELVICA, che agisce su una muscolatura in *ipotono*, cioè troppo flaccida;
- il RILASSAMENTO PELVICO, che agisce su una muscolatura in *ipertono*, cioè troppo contratta.

✓ Perché è importante tonificare la pelvi

Quando la pancia non si riduce

«*Ho provato qualsiasi tipo di ginnastica ma la mia pancia non si riduce*».

«*Se mi guardo allo specchio di profilo la prima cosa che noto è la pancia che sporge, anche da sotto i vestiti*».

«*Né dieta, né esercizi per gli addominali. La pancetta parte da sotto l'ombelico ed è sempre lì. Ed è così antiestetica!*».

«*Mi sono messa a dieta: il seno si è ridotto, le braccia sono due stecchini, ma la pancia resta tale e quale!*».

Sono frasi che sento dire da molte donne. Per quanto si impegnino per far andar via la pancia, non c'è niente da fare: resta lì.

Qual è la causa di questa pancia che non se ne va? Perché a dispetto di diete e tempo dedicato a rafforzare gli addominali la pancia è sempre lì e ogni volta che si indossano i pantaloni si evidenzia antiesteticamente?

Una causa importante, spesso trascurata, è proprio una *muscolatura pelvica debole*. È interessante infatti sapere che la "pancetta" non sempre è determinata dal sovrappeso o da una lassità dei muscoli addominali o lombari. Dobbiamo addentrarci un po' più in profondità nel nostro corpo. E scoprire che l'addome può sporgere in modo antiestetico verso l'esterno anche per una causa poco conosciuta e poco considerata, appunto la *mancanza di tonicità dei muscoli pelvici*. Ecco perché spesso la pancia rifiuta di appiattirsi, anche nella donna magra, nonostante la ginnastica addominale o l'attenzione a ciò che si mangia.

✓ Cos'è l'atonia pelvica

Una notizia cattiva e una buona

Cominciamo dalla notizia cattiva: l'*atonia pelvica*, detta anche *ipotono pelvico*, è la mancanza di tonicità muscolare. E purtroppo non è una condizione che migliora da sola. Occorre un'azione specifica con esercizi mirati.

Ma c'è anche una notizia *buona*: un muscolo non perde mai la capacità di essere allenato. Se è atonico, può tornare a essere forte e robusto di nuovo. Ecco perché la prima e importantissima azione di Gymintima è proprio la *tonificazione pelvica*.

✓ «Ma io faccio ginnastica regolarmente!»

Non è quella che serve

Parlando di tonificazione pelvica la domanda che a molte donne sorge spontanea è proprio questa: «Ma l'esercizio regolare non è sufficiente?».

La risposta *è no*. Se vuoi allenare la muscolatura pelvica, l'attività fisica, se non è mirata per questa parte del corpo, *non basta*. Anche se sei una persona attiva e sportiva ricorda che i muscoli del pavimento pelvico vengono rinforzati *solo se* sollecitati direttamente, con esercizi specifici. Questi esercizi vengono però raramente proposti: l'area più vitale del corpo femminile, la pelvi, in tutti i programmi ginnici e motori viene infatti quasi sempre ignorata. Ed è raro che l'esercizio fisico venga considerato come metodo preventivo e terapeutico per la salute degli organi interni femminili.

Lo scopo di Gymintima è invece quello di allenare e tonificare proprio la zona del bacino, agendo su quei muscoli intimi che raramente stimoliamo. Con questo programma si esercitano infatti i muscoli del pavimento pelvico, quelli vaginali, vescicali, anali e uterini. Per questo motivo il metodo è definito una ginnastica *intima*: perché non stimola semplicemente le fasce muscolari più esterne al corpo, per esempio quelle addominali o dei glutei, ma anche quelle più interne e nascoste.

Per questa ragione i benefici della tonificazione pelvica non si traducono solo all'esterno, con una linea più armoniosa, ma si avvertono soprattutto dall'interno: "sentiamo" come se ci fosse una *guaina naturale* che ci avvolge e ci sostiene.

✓ Una tonificazione mirata

Gymintima è un metodo specifico

Gli esercizi di Gymintima hanno lo scopo di stimolare le fibre muscolari più *inattive*. Stimolano però anche le fibre muscolari ancora *attive*, ipertrofizzandole, affinché possano "trainare" quelle che invece sono più atoniche.

La tonificazione pelvica inoltre non si riferisce solo alle parti muscolari vere e proprie che formano il pavimento pelvico. Riguarda anche le *strutture di sostegno* a cui sono fissati gli organi nella cavità addominale e pelvica: si tratta di legamenti, formazioni di tessuto connettivo fibroso. Alcuni organi, ad esempio l'utero o la vescica, sono come "appesi" all'interno della cavità pelvica. Queste strutture di sostegno fungono da "tiranti" per gli organi, mantenendoli nella loro sede. Una loro tonificazione irrobustisce quindi l'intera area pelvica e gli organi in essa contenuti.

Gli esercizi di Gymintima garantiscono inoltre una maggiore solidità e stabilità del bacino. L'irrobustimento dei muscoli pelvici crea una forte base di appoggio per il tronco. Il bacino sostiene la maggior parte del nostro peso: sentirlo solido genera una maggiore sensazione di sicurezza e di forza estesa a tutto il corpo.

✓ Perché è importante rilassare la pelvi

Ecco perché avevo quei dolori!

Dolori mestruali intensi, dolori durante il rapporto sessuale, dolori durante l'evacuazione: quando la pelvi è troppo contratta i disagi possono prendere tante forme.

La muscolatura del bacino, oltre a una mancanza di tono, può andare anche incontro a problemi di rigidità e contrazione eccessiva. È ciò che viene definito *ipertono pelvico*, o tensione

PELVI TONICA E ATONICA

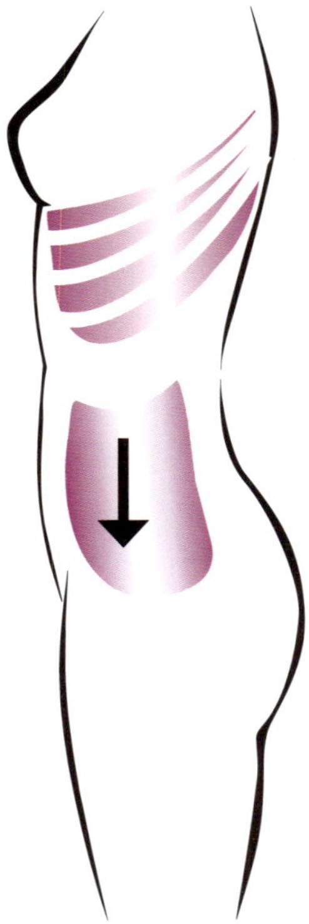

Pelvi tonica
Buona cintura addominale
L'addome è mantenuto correttamente

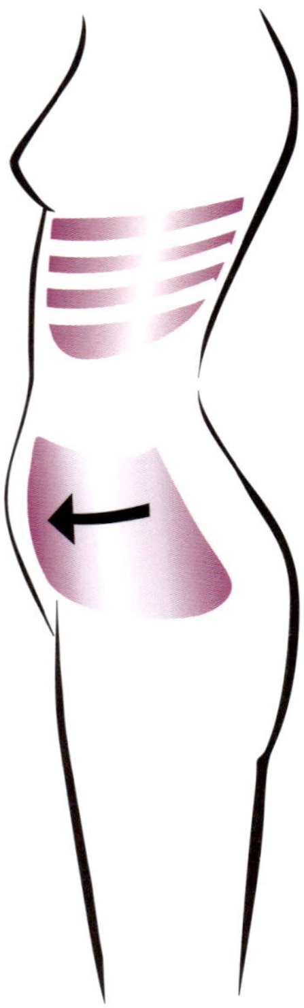

Pelvi atonica
Cattiva cintura addominale
L'addome è proiettato in avanti

pelvica. Molte donne, senza accorgersene, mantengono i muscoli pelvici in ipertono, cioè contratti. Persino se hanno muscoli deboli.

"Ipertonico" non vuol dire quindi "forte". Vuol dire invece "rigido". E questo accade proprio quando i muscoli pelvici sono deboli, quando perdono la naturale capacità di contrarsi e rilassarsi velocemente: restano in uno stato di perenne tensione, poiché non riescono ad allentare la contrazione, come farebbe invece una struttura muscolare tonica e sana.

Il bacino è una zona del corpo facilmente soggetta a tensioni. Ma, mentre riusciamo con facilità a sentire quando una spalla si contrae, o lo stomaco diventa duro, avvertire la stessa tensione al bacino non è altrettanto semplice. E così, quasi senza che ce ne accorgiamo, la zona pelvica si irrigidisce a poco a poco. Le tensioni mai scaricate si sedimentano e si cronicizzano: il risultato è una pelvi eccessivamente contratta.

PELVI TONICA E ATONICA

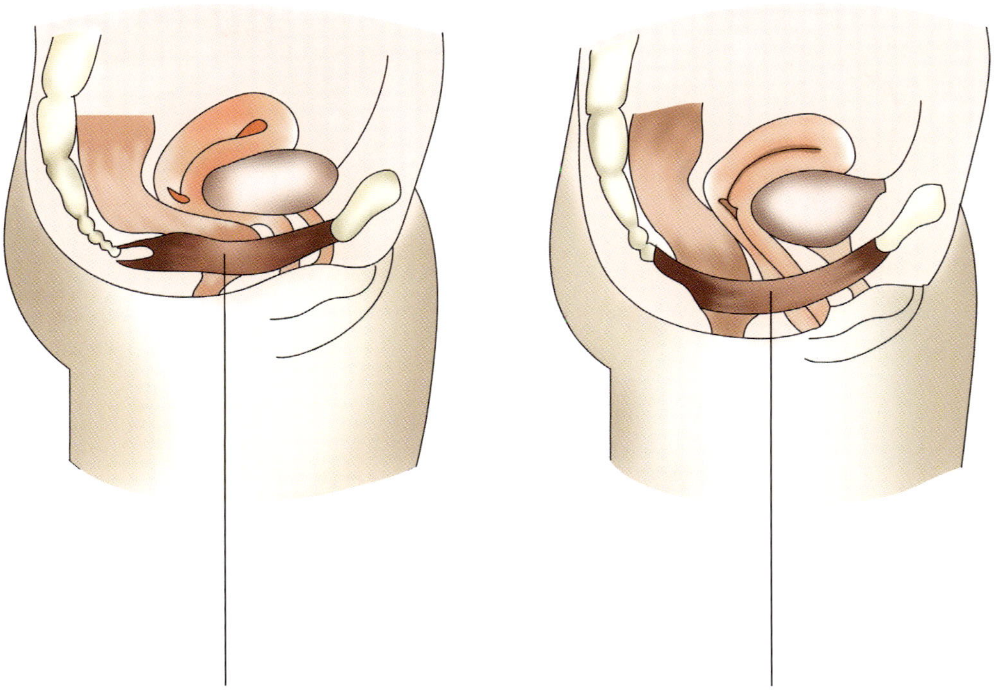

Pavimento pelvico contratto — Pavimento pelvico rilassato

✓ Disagi e ancora disagi

La tensione pelvica causa tanti disturbi

Se con il corpo rilassato i muscoli sono morbidi ed elastici al tocco, in caso di tensione invece si induriscono. Quando c'è contrazione muscolare a livello pelvico, questa parte è più bloccata. Le conseguenze sono:

- *irrigidimento, con perdita di sensibilità;*
- *stasi circolatoria e linfatica, con congestione;*
- *blocco energetico.*

Una contrazione pelvica protratta può causare o aggravare diverse disfunzioni: cistiti, dolori mestruali, stitichezza ed emorroidi. Anche il rapporto sessuale può diventare più difficile, la penetrazione fastidiosa e sgradevole.

La "Spastic Pelvic Floor Syndrome": QUANDO LA TENSIONE PELVICA È TROPPA. Se la tensione è forte prende il nome di *Spastic Pelvic Floor Syndrome* cioè la sindrome del pavimento pelvico spastico, o comunque disfunzionale: la muscolatura pelvica, specialmente il muscolo elevatore dell'ano, è fortemente contratta.

Vaginismo e dispareunia: NON C'È SESSUALITÀ CON TROPPA TENSIONE. Una eccessiva contrazione del pavimento pelvico può anche causare *vagini-*

smo, cioè uno spasmo dei muscoli pelvici che rende impossibile la penetrazione. Si manifesta con una contrazione involontaria dei muscoli costrittori della vagina. Nelle fasi di eccitazione sessuale, invece di rilassarsi o distendersi i muscoli fanno l'opposto: si contraggono e si irrigidiscono.

Nel vaginismo la tensione pelvica è così forte che ogni tentativo di penetrazione – o anche l'introduzione dello *speculum* durante una visita ginecologica, o di un tampone interno – provoca l'irrigidimento immediato dei muscoli della pelvi, insieme a quelli dell'addome e delle cosce. L'origine è psicogena. Non ci sono alterazioni anatomiche o funzionali che giustifichino questo spasmo muscolare. Il muscolo più coinvolto è soprattutto l'elevatore dell'ano, la cui contrazione si irradia poi agli altri, sino a provocare la chiusura della vagina.

Un altro disturbo che in certi casi può essere collegato alla tensione pelvica è la *dispareunia*, cioè un dolore genitale persistente e ricorrente associato al rapporto sessuale. Si può avvertire sia nella stimolazione preliminare che durante la penetrazione. Oppure, in alcuni casi, anche dopo. Il dolore può essere superficiale e localizzato nell'area vulvare, cioè in corrispondenza delle grandi e piccole labbra, della parte esterna della vagina e della clitoride. Oppure si avverte più nel profondo, all'interno del canale vaginale.

Le cause della dispareunia sono quasi sempre psicologiche. Ma a volte possono essere anche organiche. Per esempio: infezioni e irritazioni vaginali interne o esterne, imene perforato o rigido, traumi da interventi chirurgici o da parto, patologie pelviche o perineali, emorroidi. Questo disturbo rende il rapporto sessuale spiacevole e fastidioso. Si avvertono sensazioni di bruciore, pizzicore, gonfiore, tensione, secchezza delle mucose. E un'estrema sensibilità al contatto.

Benché vaginismo e dispareunia siano piuttosto simili, c'è però differenza tra i due disturbi. Nel vaginismo il dolore si manifesta a causa della contrattura muscolare: quando le pareti vaginali avvertono la spinta della penetrazione, i muscoli pelvici reagiscono contraendosi spasmodicamente. Nella dispareunia invece il sintomo doloroso può accompagnare tutte le fasi del rapporto sessuale e non dipende sempre e solo da una contrattura muscolare.

Un'altra differenza consiste nel fatto che nella dispareunia la penetrazione è possibile, anche se il rapporto può essere spiacevole e molto doloroso. Nel vaginismo invece è come se il pene trovasse un muro all'ingresso della vagina, nel momento in cui tenta la penetrazione. È un riflesso incontrollato. E può accadere anche in presenza di desiderio sessuale. È una paura anticipatoria della penetrazione. Il corpo reagisce richiudendosi.

Entrambi i disturbi hanno la stessa conseguenza: per paura di un forte dolore fisico si tende a evitare il rapporto sessuale. Il desiderio a poco a poco diminuisce perché il timore di provare dolore supera la sensazione di piacere. Si diventa meno sensibili agli stimoli e non si riesce a raggiungere l'orgasmo.

La stitichezza: *QUANDO L'EVACUAZIONE È DIFFICILE.* Anche l'evacuazione può essere influenzata dalla contrazione dei muscoli pelvici. Durante la defecazione infatti è necessario contrarre i muscoli addominali – è il cosiddetto "torchio addominale" – e rilassare il muscolo elevatore dell'ano. Nel caso di tensione pelvica quest'ultimo muscolo anziché essere rilassato viene contratto. Risultato: è come creare una pressione contro una porta chiusa. Conseguenza: si ha una evacuazione difficile o assente. Anche in questo caso, come nei precedenti, la soluzione è la riabilitazione dei muscoli pelvici attraverso esercizi specifici, per recuperare un giusto rapporto tra contrazione degli addominali e rilassamento del pavimento pelvico.

Perché il pavimento pelvico è così teso? *Le cause sono posturali. Ma anche psichiche.* Le tensioni pelviche possono essere causate da posizioni errate che il nostro corpo assume durante la giornata, mentre lavoriamo, ci spostiamo, o ci rilassiamo. Per esempio quando incurviamo troppo la schiena sbilanciando il bacino, o stringiamo l'inguine, o sprofondiamo su sedie e divani comprimendo muscoli e organi. Oppure teniamo le gambe accavallate e contratte per lungo tempo.

Queste sono alcune delle cause. Ma vi sono anche motivi psichici: sono spesso i blocchi emozionali a provocare tensioni nella zona pelvica. Come constateremo più avanti, la psiche influisce notevolmente su questa parte del corpo.

Esiste poi anche una causa più "tecnica", che spesso riscontro nelle donne che esercitano i muscoli pelvici in modo troppo forzato: per esempio in quelle che eseguono la ginnastica pelvica *senza un metodo sicuro* oppure in quelle che praticano la *danza del ventre*. Le tecniche di questa danza vengono infatti spesso effettuate senza gli esercizi preparatori e conclusivi, per sciogliere e rilassare l'area pelvica. Conseguenza: il pavimento pelvico, dopo un certo tempo, viene percepito fortemente contratto. Alcune donne condividono: «Lo sento come un "blocco", teso e duro». Ciò è dovuto all'eccesso di stimolo che, anziché migliorare la situazione, la peggiora.

✓ Rilassare con Gymintima

Un metodo che non solo tonifica, ma insegna anche a decontrarre

Imparare a rilassare la muscolatura pelvica, oltre che a tonificarla è perciò fondamentale. Per questo motivo gli esercizi di Gymintima, oltre a rafforzare e tonificare i muscoli pelvici, insegnano anche a rilassarli. Saper decontrarre questi muscoli può apparire semplice ma in realtà non lo è affatto. Perché, com'è stato spiegato, questi muscoli sono difficili da "sentire". Se non li percepiamo, non riusciamo neppure ad avvertire quando sono tesi.

In Gymintima, a questo scopo sono state elaborate tecniche specifiche per raggiungere con facilità un buon detensionamento pelvico.

Quando la pelvi è in stasi: l'irrorazione pelvica

Congestione o flusso vitale?

Se i muscoli della pelvi sono poco tonici o perennemente contratti, si instaura una condizione che in Naturopatia viene definita "*stasi pelvica*". Vediamo di cosa si tratta.

Come una palude: *la stasi pelvica.* Si verifica stasi pelvica quando i fluidi corporei, a livello del bacino, circolano poco e male: sangue e linfa, invece di scorrere, ristagnano in questa zona. È come essere immersi in una palude. Se c'è stasi pelvica gli organi soffrono perché si caricano di tossine non espulse. Quelli che più ne risentono sono gli organi genitali, la vescica, alcuni tratti del colon e il retto.

Da cosa è causato questo stato? Soprattutto dall'inattività fisica. Senza lo stimolo creato dal lavoro muscolare, la circolazione ristagna. Nelle persone che, per esempio, trascorrono molte ore della giornata sedute, la circolazione nell'area pelvica fluisce molto più lentamente: la zona si congestiona e si carica di scorie. Anche un addome prominente e un intestino irregolare sono cause di stasi pelvica: tossine e rifiuti si accumulano più facilmente nel bacino perché il sangue e la linfa non scorrono liberamente.

Quando esegui gli esercizi di Gymintima è come se facessi affluire una sorgente di acqua fresca e pura a questa parte del tuo corpo: i rifiuti vengono spazzati via lasciando entrare ossigeno e nuove sostanze vitali. I tessuti sono rivitalizzati. Il sangue così arricchito di molecole di ossigeno favorisce i processi di guarigione: le cellule, nutrite e idratate, possono rigenerarsi con più facilità. Una buona irrorazione assicura infatti un miglior funzionamento di tutti gli organi e ne garantisce una perfetta efficienza.

Congestione passiva e attiva: *DALLA PALUDE ALLA SORGENTE.* Le tecniche di Gymintima attivano quindi un meccanismo molto importante: sostituiscono la congestione *passiva* con quella *attiva*.

Quando si verifica una congestione passiva e quando invece una congestione attiva?

Una *congestione passiva* si verifica, per esempio, in caso di sindrome premestruale o durante una mestruazione dolorosa: il senso di compressione, gonfiore e dolore al basso ventre sono determinati da un eccesso di sangue in quest'area. A causa della congestione il sangue circola con difficoltà, liberando poco ossigeno: lo stato degli organi e dei nervi peggiora. La congestione passiva accade quindi quando si verifica una stasi anormale di sangue in una determinata area.

Diversamente, la *congestione attiva* si verifica quando c'è un aumento del flusso sanguigno in una specifica parte del corpo. Il sangue circola meglio e libera ossigeno, agendo beneficamente sui tessuti e sugli organi.

Riprendendo l'esempio precedente, la differenza tra congestione passiva e attiva è rappresentata da una *palude* che ristagna e da una *sorgente* in cui l'acqua sgorga libera.

L'effetto "a pompa": *FINALMENTE IL BACINO È IRRORATO.* Contrazione ritmica e rilassamento: è quello che accade ai muscoli pelvici quando eseguiamo gli esercizi di Gymintima. Questo meccanismo attiva la circolazione nell'intera area del bacino.

L'irrorazione pelvica avviene grazie a un effetto "a pompa": l'alternanza di contrazione e rilassamento dei muscoli richiama e respinge grandi quantità di sangue e linfa da questa zona alla periferia del corpo.

Nella fase *attiva* di contrazione i fluidi corporei sono spinti all'esterno; nella fase *passiva* di rilassamento c'è invece un richiamo dei fluidi corporei verso il bacino. Maggiore sarà la forza di contrazione con cui sangue e linfa vengono pompati all'esterno, maggiore sarà la quantità di fluidi corporei puri, vitali e ossigenati che farà ritorno, irrorando la zona pelvica e gli organi contenuti in ogni sua parte. Più la muscolatura pelvica è forte e allenata, maggiori saranno i benefici.

Anche la capacità di decontrarre la muscolatura pelvica è fondamentale: solo quando i muscoli sono rilassati può infatti affluire nuovo sangue e nuova linfa a questa parte del corpo.

Le tecniche di Gymintima sono quindi ottime per incrementare la circolazione pelvica sanguigna e linfatica. E per irrorare beneficamente gli organi del bacino.

Purificare: la disintossicazione pelvica

Rimuovere le tossine

Una buona circolazione in tutta l'area del bacino è una delle prime azioni di Gymintima. L'azione successiva è la sua diretta conseguenza: la disintossicazione pelvica.

Disintossicarsi perché: QUANDO LE SCORIE SE NE VANNO IL CORPO FUNZIONA BENE. Secondo la Naturopatia la causa principale di malattia è la *tossiemia,* ovvero un eccesso di tossine e scorie che non permettono all'organismo di funzionare al meglio, generando così vari sintomi. Gli eccessi di tossine nel corpo, se non eliminati, sono infatti causa di affaticamento, perdita di vitalità e malattia. Stanchezza, problemi di pelle, infiammazioni ginecologiche, mal di testa, disturbi digestivi o intestinali e tanti altri ancora sono tutti malesseri che possono dipendere da uno stato di costante intossicazione.

Imparare a depurarsi significa perciò scoprire i segreti della piena forma. Le pratiche di disintossicazione, se ben modulate, offrono risultati veloci e subito visibili. Terminato il processo di pulizia, si percepisce un nuovo stato di benessere e salute. La disintossicazione determina infatti una *reale guarigione*, perché libera gli organi dagli eccessi di scorie. Drenando le tossine, scompaiono le malattie, per quanto diverse esse siano. Anche l'*aspetto estetico* ne trae beneficio: il corpo si sgonfia, perde peso e la pelle diventa più luminosa.

Nella Naturopatia Oberhammer® ho sviluppato un metodo completo tutto dedicato alla disintossicazione dell'organismo. In Gymintima invece la disintossicazione è mirata all'area pelvica. Gli esercizi infatti stimolano le funzioni organiche e la rimozione delle tossine, attivando il flusso dei liquidi stagnanti nel bacino. I movimenti aiutano a far circolare il sangue più profondamente negli strati cellulari in cui i residui sono accumulati, liberando le tossine e mettendole in circolo. Quando gli umori corporei tornano a circolare, i tessuti vengono irrorati da sangue nuovo che li purifica e li nutre.

Una pelvi disintossicata è quindi un ambiente ideale per favorire le funzioni fisiologiche degli organi in essa contenuti.

Una nuova vitalità: la rivitalizzazione pelvica

Quando tutto funziona meglio

Il passo diventa più spedito, le gambe più leggere, il bacino più fluido, il corpo più dinamico: un'altra importante azione di Gymintima è la rivitalizzazione pelvica.

Cosa si intende, esattamente? Che a livello fisiologico si verifica un maggiore *trofismo* dei tessuti, cioè una loro migliore nutrizione.

Le tecniche di Gymintima hanno lo scopo di *stimolare la circolazione sanguigna* nell'addome e soprattutto nell'area del bacino. È una stimolazione che rigenera la pelvi.

La maggiore vitalità dei tessuti non ha però solo un effetto localizzato a questa parte. Tutto il corpo ne beneficia e si avverte una maggiore carica vitale. La percepisci come una piacevole sensazione di benessere e leggerezza. Anziché una palude stagnante il bacino diventa una sorgente di energia che porta vitalità all'intero organismo.

Influenze sottili: l'azione ormonale

Microstimolazioni corporee

Gli esercizi di Gymintima non sono utili solo a livello di organi, tessuti e strutture di sostegno. Ma agiscono anche su funzioni fisiologiche di altro tipo, come l'attività ormonale.

La zona del bacino è la sede di produzione di ormoni importantissimi, per esempio quelli sessuali. Grazie alla stimolazione pelvica anche l'equilibrio ormonale può migliorare.

Le ovaie si fanno sentire: *LA STIMOLAZIONE DELLE GONADI.* La stimolazione avviene in particolare a livello delle gonadi, le ghiandole sessuali responsabili della produzione di ormoni: *ovaie* nella donna e *testicoli* nell'uomo.

La stimolazione ormonale agisce rivitalizzando la zona pelvica, specialmente i genitali. Ma anche il corpo in generale.

Spesso le donne durante le tecniche di Gymintima hanno una sensazione molto nitida della stimolazione. Per esempio dicono: «Ho sentito come un movimento interno, proprio nelle ovaie».

Che piacere! *L'AUMENTO DELLE ENDORFINE.* Un'altra azione ormonale di Gymintima riguarda l'aumento delle endorfine. Queste sostanze, definite "ormoni del piacere", hanno infatti la caratteristica di aumentare le sensazioni positive, sia a livello fisico che psichico. Ce ne sono di diverso tipo e il loro effetto varia da uno stato analgesico – fanno avvertire meno il dolore – al rilassamento, al piacere, al benessere psicofisico, all'euforia.

Quando le endorfine aumentano nel sangue, lo stress e il nervosismo si riducono. All'opposto, invece, quando nell'organismo il livello di endorfine è molto basso, aumenta il senso di malessere, si perde il buonumore e si avvertono maggiormente gli stati d'ansia, il dolore e le tensioni muscolari.

Molecole simili alle proteine, le endorfine sono prodotte dal cervello e vengono rilasciate nel sangue in diversi momenti, per esempio quando viviamo un'emozione positiva, di appagamento o gioia, oppure durante un rapporto sessuale. Anche quando svolgiamo un'attività fisica in modo equilibrato e non troppo sforzato vengono rilasciate endorfine. Possono aumentare fino al 500 per cento. Le sensazioni che provocano le conosciamo tutti, perché le abbiamo sperimentate: per esempio il senso di benessere e leggerezza che avvertiamo dopo una passeggiata corroborante, il "sentirsi nuovi" dopo una seduta in palestra, o l'armonia e il piacere che percepiamo quando ci esprimiamo liberamente con il nostro corpo.

Quando il flusso di endorfine viene stimolato – come accade con le tecniche di Gymintima – questi ormoni fluiscono più facilmente ai vari distretti del corpo. Tutte le persone che praticano gli esercizi pelvici sono concordi nell'affermare che si prova una sensazione di benessere e piacere diffuso.

Le tecniche di Gymintima – con le contrazioni pelviche e i suoi movimenti armoniosi – hanno quindi la caratteristica di agire sui livelli di endorfine, innalzandoli e *aumentando così il tono dell'umore*, la *serenità*, il *piacere*, la *vitalità* e il *senso di benessere generale*.

Sinuose armonie: la liberazione pelvica

Quando il corpo oscilla libero

Prova a fare questo *esperimento*. La prima volta che ti trovi in un luogo affollato – per esempio un centro commerciale – osserva il modo di camminare delle donne. Ti accorgerai che l'andatura è spesso rigida. Nella nostra società occidentale è piuttosto raro vedere donne che camminano fluide, con il bacino libero e il passo elastico. Sono ben lontane dalla leggerezza di chi muove con armonia la pelvi, facendola oscillare liberamente. Oggi il bacino raramente viene mosso bene: spesso quando si cammina è un unico solido blocco.

Quando la pelvi è rigida, anche le gambe devono muoversi altrettanto rigidamente. Di conseguenza tutto il corpo diventa più contratto e poco armonioso. In breve: meno bello.

La nostra cultura, da sempre, ha "inibito" questa parte del corpo: muoverla, scuoterla, camminare ancheggiando è tacitamente vietato. Nella tradizione occidentale la pelvi vive come stretta in una corazza, senza possibilità di manifestarsi. Il bacino delle donne civilizzate è quindi spesso un bacino "morto", perché poco utilizzato: ha perso la naturale capacità di esprimersi.

✓ Come dentro un'armatura

La corazza pelvica

Emozioni represse? Sentimenti rinnegati? Energia sessuale trattenuta?

Tante volte si sedimentano proprio nella pelvi.

Quando blocchiamo le nostre emozioni, reprimiamo i nostri sentimenti, il corpo registra questi stati negativi e li deposita nelle sue varie parti: un importante punto di deposito è rappresentato proprio dal bacino.

Una parte del corpo di cui vergognarsi: *I TABÙ PELVICI.* Oltre a essere poco percepita, la nostra pelvi è appesantita anche da molti pregiudizi e tabù.

In quest'area, si concentrano infatti tre funzioni importantissime:

- *la funzione sessuale;*
- *la funzione riproduttiva;*
- *la funzione escretoria, sia anale che urinaria.*

La muscolatura pelvica si trova quindi in una parte del corpo caricata da un profondo significato emotivo: gli organi che hanno funzione sessuale possono essere vissuti con senso di inibizione; gli organi che hanno funzione escretiva possono invece venir considerati "sporchi". Il bacino è quindi soggetto, più di altre parti del corpo, a influenze di tipo psicosomatico: tutte le emozioni connesse a ciò che è in rapporto con l'area pelvica, per esempio la sessualità, provocano una diminuzione o un aumento della tensione in quest'area del corpo.

La corazza corporea e la corazza psichica: *CHE FATICA!* Gli stati di blocco e repressione psichica agiscono sia sul piano fisico che su quello psichico. Formano una "*corazza corporea*" e una "*corazza psichica*".

Il *corpo* si irrigidisce e si difende con una vera e propria armatura. La *psiche* invece si protegge con uno scudo fatto di atteggiamenti e comportamenti stereotipati, che bloccano la capacità di esprimersi liberamente.

La corazza pelvica impedisce il fluire di due importanti energie. La prima è l'*energia di genere*, cioè quella femminile per la donna e maschile per l'uomo.

La seconda è l'*energia sessuale*. Con questa energia non si intende solo la sessualità legata all'atto vero e proprio ma anche la creatività e l'espansione di sé, espressioni direttamente collegate a un'energia di tipo procreativo.

Quando l'energia sessuale non fluisce il corpo viene impoverito di piacere. Non solo di piacere sessuale ma anche di piacere nella vita. Diventa più difficile trovare il godimento in generale, nelle relazioni con gli altri, in ciò che si fa, nelle piccole cose.

La rigidità del bacino causa o acuisce anche *svariati disturbi*. A livello genito-urinario favorisce i problemi mestruali, per esempio mestruazioni dolorose, scarse o troppo abbondanti. Oppure peggiora le infiammazioni vaginali o alle ovaie, la cistite, i problemi di concepimento, le gravidanze e i parti difficili, la menopausa tormentata. Può comportare anche emorroidi, stitichezza, mal di schiena, sciatica: tutti problemi in qualche modo collegati al cattivo stato del bacino.

La rigidità pelvica inoltre accompagna spesso le più comuni *patologie psicosessuali*. Il bacino è la parte del corpo più direttamente coinvolta quando si fa l'amore, sia perché racchiude gli organi sessuali, sia perché deve poter oscillare liberamente durante il rapporto. Gli eventuali irrigidimenti pelvici rendono tutta la zona meno sensibile, precludendo un pieno appagamento.

Se il bacino è bloccato è molto più difficile avvertire l'eccitazione. Disturbi quali la frigidità per la donna o la mancanza di erezione per l'uomo sono spesso collegati alla corazza pelvica.

A livello sessuale un bacino bloccato può far insorgere la cosiddetta "*ira pelvica*". Nasce nel modo seguente: l'atto sessuale inizia con il piacere ma la corazza pelvica non permette al bacino di muoversi e oscillare liberamente, sintonizzando il corpo con il godimento. L'orgasmo non arriva. Insorge allora una dolorosa sensazione di "dovercela fare". Il piacere frenato si trasforma in ira. L'ira frenata si trasforma in spasmi muscolari, che a loro volta vanno a peggiorare il blocco del bacino. È un circolo vizioso: col tempo la situazione peggiora.

Un bacino bloccato estende le sue limitazioni anche all'aspetto sentimentale: fare l'amore col partner quando non c'è un libero flusso d'energia tra la parte inferiore e quella superiore del corpo mantiene separati il piacere e l'eccitazione dall'amore e dalla comunicazione profonda con l'altro. Insomma, vuol dire tenere lontano l'attrazione fisica dal sentimento e, nell'orgasmo, limitarsi a provare solo sensazioni corporee senza raggiungere la profondità dell'unione.

✓ Gymintima e la liberazione pelvica

Fuori dalle corazze

Prova a sederti con le gambe accavallate e i muscoli tesi in chiusura. Rimani per un minuto in questa posizione. Poi divarica le gambe e rilassa i muscoli.

Hai sentito la differenza?

Prima era come se tutto si fosse bloccato, adesso invece tutto fluisce. Quando si sciolgono le corazze corporee succede qualcosa di particolare. Si libera energia nell'organismo.

Sciogliendo la corazza pelvica, per la donna si libera il *fluire dell'energia femminile* (e per l'uomo quella dell'energia maschile). Si libera inoltre il *fluire dell'energia sessuale*. Sbloccare il flusso energetico di questa parte del corpo porta a un miglioramento delle funzioni di tutti gli organi vitali. Porta anche a un nuovo senso di liberazione ed espansione di sé.

Quando si decide di intraprendere un lavoro di "liberazione pelvica" ci si apre quindi a grandi possibilità. È importante però ricordare che il procedimento deve svolgersi con la *dovuta accortezza.* Il bacino è infatti una delle parti del corpo più delicate e difficili da sciogliere. Se gli interventi per sbloccarlo non sono effettuati secondo un metodo ben concepito, la situazione può peggiorare anziché migliorare.

Gli esercizi di Gymintima per la "liberazione pelvica" sono stati studiati e sperimentati lungamente, per ottenere i migliori risultati. Le tecniche non si focalizzano solo sul movimento del bacino ma del corpo intero. Tante volte invece gli esercizi pelvici vengono proposti indirizzandosi quasi esclusivamente su quest'area, per esempio in tanti corsi pre-parto. In Gymintima no. Gli esercizi coinvolgono tutto il corpo, con movimenti armonici e fluidi. Solo in questo modo è possibile sbloccare le pelvi e far fluire l'energia liberamente.

Imparare a sentire: la consapevolezza pelvica

Ma io cosa so del mio corpo?

L'ultima azione di Gymintima racchiude in sé tutte le altre: è la consapevolezza pelvica.

Perché è importante? Perché parte tutto da qui: dal "sentire".

Oggi esiste una grande contraddizione: la donna esibisce e usa il suo corpo con molta disinvoltura ma contemporaneamente non lo conosce e lo sente poco. Alcune sue parti, quelle più collegate alla femminilità, sono addirittura "dimenticate".

Tutta la sfera genitale è vissuta quindi con poca consapevolezza: per molte è una zona "in anestesia", poco sentita e poco percepita. Quante donne hanno la consapevolezza dei propri muscoli pelvici? Non tante. Quante donne sanno che esistono? Troppo poche.

Quando ho ideato Gymintima ho pensato anche a questo: a un metodo che favorisse la consapevolezza pelvica; un metodo-guida per entrare in contatto con i misteri del proprio corpo, per conoscerlo e percepirlo positivamente.

Gymintima aiuta quindi a "vivere" di nuovo la zona pelvica e a scoprire aspetti importanti della propria intimità femminile.

E ora che hai conosciuto le azioni di Gymintima sei pronta per scoprire...

A cosa serve Gymintima: I benefici

Risolvere tanti disturbi con la ginnastica intima

Un metodo per stare meglio

Adesso che hai letto in che modo agisce Gymintima sicuramente mi comprendi quando affermo che il suo ruolo – riguardo alla salute e al benessere – è molto importante.

La pelvi è una struttura complessa e armoniosa. Quando riattiviamo le sue funzioni, spaziamo dall'ambito ginecologico, a quello urologico, a quello proctologico. Fino ad arrivare a tutte le sindromi muscolo-tensive che creano dolore pelvico. Inoltre spesso migliorano i problemi psicologici che inibiscono questa importante parte del corpo.

Quanti disturbi e quante situazioni di disagio migliorano applicando il metodo? Davvero tanti.

Nella tabella trovi un riassunto dei principali effetti positivi. Nelle pagine successive c'è invece la spiegazione dei singoli disturbi e dei relativi benefici, descritti dettagliatamente.

I benefici di Gymintima

Ecco i principali

- Un addome più piatto e tonico e una sensazione di "leggerezza pelvica".
- Un riequilibrio del ciclo femminile: miglioramento di disturbi quali la sindrome premestruale e i dolori mestruali.
- Una vita sessuale più piacevole e appagante: maggiore sensibilità vaginale, orgasmi più intensi, migliore percezione del proprio corpo.
- Una menopausa più serena, con la diminuzione dei problemi e degli inestetismi quali la perdita del tono e della sensibilità vaginale, l'addome cascante.
- Una gravidanza più facile, un travaglio meno doloroso e una migliore ripresa dopo il parto.
- Un supporto in caso di infertilità.
- Una prevenzione e un aiuto per situazioni particolari quali l'incontinenza urinaria, il prolasso dell'utero e della vescica, problemi spesso tenuti nascosti ma più frequenti di quanto si pensi.
- Una nuova percezione della propria femminilità, un "sentirsi donna" entrando in contatto con parti intime spesso negate o dimenticate.

La debolezza pelvica

Incontinenza, prolasso, pancia prominente, atonia vaginale

Coinvolge non solo le donne di una certa età. Riguarda anche le donne giovani, sempre con maggiore frequenza.

L'atonia pelvica, cioè la debolezza della pelvi, non solo è fonte di disagio. Ma è anche l'anticamera di un disturbo più grave, la *ptosi pelvica*, cioè lo spostamento verso il basso di uno o più organi contenuti nel bacino. Se la situazione si aggrava ulteriormente sfocia nel *prolasso pelvico*, cioè nella vera e propria fuoriuscita dell'organo stesso o di una sua parte dalla cavità in cui è contenuto.

✓ I disturbi della pelvi atonica

Una debolezza che indebolisce

L'atonia pelvica può causare o favorire disturbi quali:

- *addome prominente,*
- *atonia vaginale,*
- *incontinenza urinaria e nei casi gravi fecale,*
- *debolezza generale del bacino,*
- *prolasso pelvico: cioè il prolasso dell'utero, il prolasso della vescica e il prolasso dell'intestino.*

✓ Le cause dell'atonia pelvica

Stile di vita e altro

L'atonia pelvica non nasce da sola. Ci sono diverse cause. Lo stile di vita è tra le principali. Ma non è l'unica. Ecco come si può arrivare ad avere una pelvi poco tonica.

Troppo seduta: *MANCA IL MOVIMENTO SPONTANEO.* Se trascorri molte ore ferma e seduta i muscoli pelvici – come in generale i muscoli di tutto il corpo – si indeboliscono. La sedentarietà è quindi una delle cause principali della perdita di tono.

Il movimento muscolare fa parte della vita: il nostro corpo è strutturato per la mobilità, non per la stasi. Se potessimo vivere in modo più naturale, la ginnastica pelvica sarebbe superflua perché la tonificazione accadrebbe spontaneamente. Negli animali è molto raro riscontrare un insufficiente sviluppo dei muscoli della zona pelvica perché il continuo movimento è sufficiente a mantenerli allenati. Anche le nostre antenate mantenevano in efficienza i muscoli pelvici senza esercizi specifici perché erano abituate a muoversi molto e ad adottare posture che favorivano lo svolgimento delle funzioni pelviche.

Oggi però non possiamo più contare su questo allenamento spontaneo. Ci spostiamo velocemente, ma il corpo resta quasi del tutto fermo. Quando ci capita di usare "spontaneamente" i muscoli pelvici? Quasi mai.

Se la nostra struttura fisica è ancora quella delle donne primitive, l'efficienza di questa parte del corpo è molto inferiore. Nella quotidianità i muscoli pelvici sono poco utilizzati. La *posizione seduta*, per esempio delle impiegate, blocca e irrigidisce il bacino, riducendo la sua naturale funzione. Anche la *posizione in piedi*, se mantenuta a lungo con poca varietà di movimenti, come accade per esempio alle commesse, riduce la vitalità pelvica. Un limitato utilizzo di questa parte del corpo ne modifica anche la forma: i fianchi diventano adiposi, i glutei flaccidi e l'addome prominente.

Gli sforzi eccessivi: *FAI ATTENZIONE.* Trasportare pesi eccessivi, sollevare carichi molto pesanti. Ma anche sforzarsi con un'attività fisica troppo intensa. O soffrire di tosse cronica. Ogni volta che il corpo compie uno sforzo che è "troppo" per le proprie capacità, i muscoli addominali si contraggono e premono sui visceri. Ciò provoca un aumento della pressione intra-addominale, cioè all'interno dell'addome, che si ripercuote sul pavimento pelvico. Se è debole non può svolgere efficacemente la sua funzione di contenimento e sostegno. L'aumentata pressione interna aggrava inoltre una eventuale atonia pelvica di base: le fasce muscolari sono sottoposte a uno stress meccanico continuo e prolungato che, con il passare del tempo, tende a sfiancarle.

La stitichezza: *QUANDO L'INTESTINO NON FUNZIONA BENE.* La stitichezza cronica o protratta per lunghi periodi può causare atonia pelvica. La costipazione intestinale mantiene infatti costantemente elevata la pressione all'interno del bacino e grava sulle strutture di sostegno e contenimento pelviche, provocando nel tempo il loro cedimento.

Lo sforzo di evacuare accentua inoltre la compressione addominale.

Il sovrappeso: *QUANDO I CHILI SONO TROPPI.* Anche l'obesità è causa di atonia pelvica. Sulla pelvi grava infatti la maggior parte del peso del corpo. Benché la struttura ossea di questa zona sia salda e robusta, la struttura muscolare e legamentosa è invece più delicata e può quindi cedere per un carico eccessivo da sostenere.

Partorire: *LA PELVI È MOLTO IMPEGNATA.* Il parto, specialmente se è stato difficile, è un fattore rilevante nella perdita di tono della muscolatura pelvica.

In realtà si tratta di una funzione naturale della fisiologia femminile. Dopotutto il corpo della donna è predisposto per far nascere figli e quindi non c'è motivo per cui un compito perfettamente naturale come questo lo debba compromettere. Ma una pelvi debole complica la situazione. Se una buona tonicità pelvica facilita la gravidanza e il parto, un bacino poco abituato a muoversi affronta questi eventi con difficoltà. La scienza medica lo chiama "*deficit perineale post partum*".

È importante considerare che durante il parto vaginale il pavimento pelvico è sottoposto a grandi forze di pressione e trazione. I muscoli sono iperdistesi, per permettere il passaggio della testa del bambino: si tendono in senso longitudinale e in senso laterale, fino al 200 per cento della lunghezza iniziale. Se la struttura è tonica e forte, sopporta bene lo sforzo. Ma se è atonica, si indebolisce ulteriormente. La situazione si complica quando si verifica una lacerazione traumatica del muscolo stesso, come può accadere in caso di parto difficile. L'elasticità e la tonicità del pavimento pelvico possono ridursi anche in caso di *episiotomia*, la parziale incisione del perineo, praticata per ampliare l'apertura vaginale e facilitare la fuoriuscita del bambino.

Gli anni che passano: *LA PELVI SI PUÒ INDEBOLIRE.* Il passare degli anni è una causa fisiologica della debolezza pelvica. Lo stesso, per quanto riguarda la menopausa: può presentarsi una perdita dell'elasticità dei tessuti.

La chirurgia: *PELVI SOTTO SFORZO.* In caso di interventi chirurgici agli organi del bacino la pelvi è esposta a una perdita di tono. Un esempio è l'isterectomia, cioè l'asportazione dell'utero. Quando questo organo viene rimosso chirurgicamente spesso ci sono conseguenze sulle condizioni della pelvi. Una parte dei tessuti legamentosi viene infatti recisa e la struttura si indebolisce. Anche le cicatrici interne lasciate dall'intervento stesso possono causare atonia pelvica.

Se però il pavimento pelvico è forte ed elastico, fornisce ugualmente un buon sostegno agli organi, anche quando i legamenti di sospensione uterini non ci sono più.

✓ L'incontinenza urinaria

Quando la vescica è debole

«Spesso avverto un bisogno di fare pipì con estrema urgenza. Così, all'improvviso. Non posso aspettare oltre».

«Ho continuamente bisogno di urinare. Non mi sento mai svuotata».

«Sento la vescica tesa e pesante come un sasso».

«Il tragitto casa-lavoro, una gita fuori città o una serata con amici sono per me un vero problema. Mi chiedo sempre: ce la farò a trattenere la pipì?».

«Ultimamente mi sveglio spesso la notte per andare in bagno».

«Dopo il parto, quando tossisco, perdo urina».

Disturbo spesso vissuto in silenzio, l'incontinenza urinaria riguarda diverse donne. E non sempre è una patologia della terza età: anche le donne giovani possono soffrire di questo problema.

Considerato "minimo" rispetto a patologie più gravi, è però invalidante per la persona che ne è colpita, perché condiziona parecchi aspetti della vita quotidiana.

Per molte i disturbi urinari sono spesso più imbarazzanti di quelli sessuali, tanto che la maggior parte, per pudore, si trattiene dal parlarne e chiedere aiuto. Silenzio e vergogna: le donne vivono l'incontinenza con grande disagio e per questo si sentono menomate e già vecchie.

Dov'è la toilette? *UN DISTURBO FASTIDIOSO.* Come si presenta l'incontinenza urinaria? Inizialmente può mostrarsi con un aumento nella frequenza della minzione, non legato a una maggiore assunzione di liquidi. Oppure con la necessità di andare in bagno più volte durante la notte. È la "sindrome della toilette", sintomo di una vescica instabile.

Nella fase iniziale può anche verificarsi una perdita di urina in situazioni di sforzo o quando aumenta la pressione a livello pelvico, per esempio nel ridere, con un colpo di tosse o nel salire le scale. Se la situazione si aggrava la perdita di urina può avvenire già a un modico riempimento della vescica o semplicemente alzandosi dal letto. L'estrema conseguenza è infine l'impossibilità di trattenere lo stimolo.

Nelle *donne giovani* l'incontinenza urinaria può in alcuni casi regredire o apparire sporadicamente. Se si trascurano questi primi segnali se ne pagherà però il prezzo dieci o venti anni più tardi. Purtroppo con gli interessi.

Perché l'incontinenza urinaria? *LE CAUSE.* Da neonati la minzione è un atto involontario, ma da adulti siamo noi a guidarlo. Perché il controllo nervoso sullo svuotamento vescicale possa avvenire correttamente, è necessaria però l'integrità delle singole parti anatomiche della vescica e della muscolatura pelvica. Solo se funzionano bene insieme siamo in grado di esercitare quella che nel linguaggio medico si chiama "continenza urinaria". Se ciò non accade, ecco comparire l'incapacità di trattenere l'urina.

Quali sono le cause? In generale, sono le stesse che determinano l'atonia pelvica. Vi sono però alcune condizioni specifiche.

La maternità: *LA FUTURA MAMMA DEVE FARE ATTENZIONE.* La gravidanza e soprattutto il parto sono tra le prime cause dell'incontinenza urinaria. Questo è uno dei motivi per cui le donne soffrono maggiormente di questo disturbo rispetto agli uomini.

L'attesa e l'arrivo del piccolo mettono a dura prova il tessuto pelvico. Durante la gravidanza i suoi muscoli compiono il grande sforzo di sostenere, insieme agli organi, il feto in formazione. Sono anche impegnati a mantenere la continenza urinaria e fecale, con una serie di adattamenti. Mentre il corpo si modifica e cresce, l'azione di questi muscoli deve adeguarsi all'aumento di carico e di pressione.

Se il pavimento pelvico non è forte e tonico, può quindi perdere elasticità. Come conseguenza la muscolatura del bacino sostiene con difficoltà gli organi soprastanti, cioè visceri, utero e vescica.

L'atonia pelvica può quindi comportare un lieve abbassamento della vescica che, a causa dello spostamento verso il basso, può non essere più in grado di mantenere chiuso il canale uretrale. Un piccolo colpo di tosse, uno starnuto, una risata possono causare una perdita di urina, di solito piccola ma certe volte più abbondante.

E non si può fare niente per trattenerla.

Il più delle volte, per fortuna, l'incontinenza urinaria da gravidanza e parto è episodica e si risolve spontaneamente. Ben presto ci si dimentica di questo disturbo, soprattutto se si è ancora giovani.

Questi sintomi però sono importanti campanelli di allarme. Che dovrebbero mettere in guardia. Con una seconda gravidanza o con l'avvento della menopausa spesso infatti peggiorano.

Anche l'*episiotomia* è un fattore a rischio per la vescica. Le donne che durante il parto hanno subito l'incisione chirurgica del perineo, nel tempo possono avere maggiori probabilità di sviluppare incontinenza urinaria. Sebbene uno dei motivi per cui questa incisione viene praticata sia proprio la prevenzione di lacerazioni perineali, in

IL PROLASSO DELL'UTERO

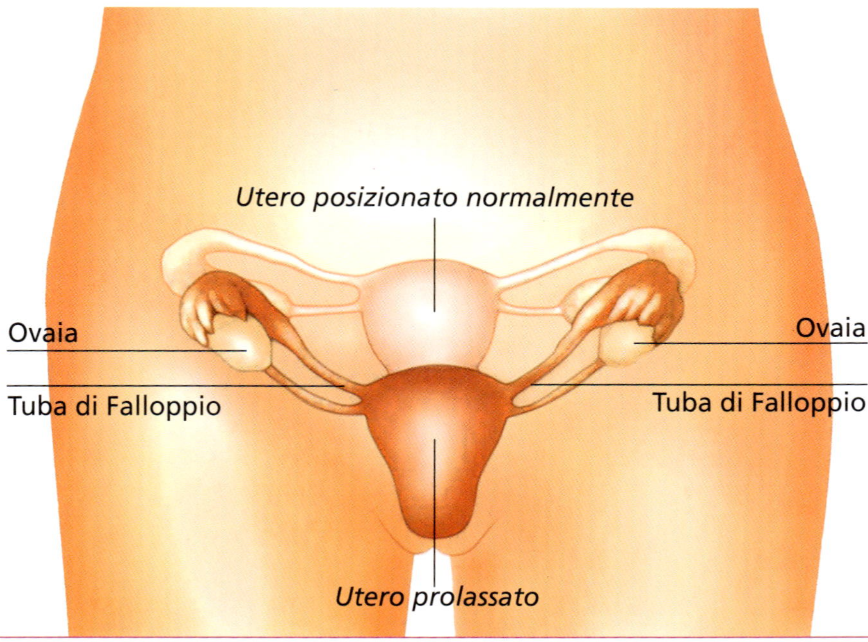

IL PROLASSO DELL'UTERO

UTERO IN POSIZIONE NORMALE
L'utero mantiene l'assetto

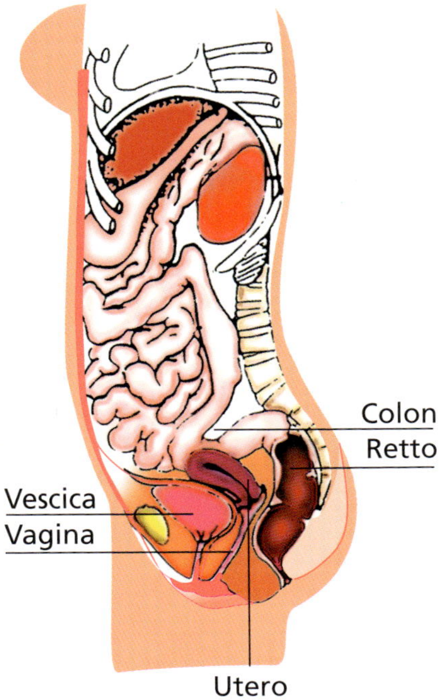

UTERO PROLASSATO
L'utero fuoriesce dalla vagina

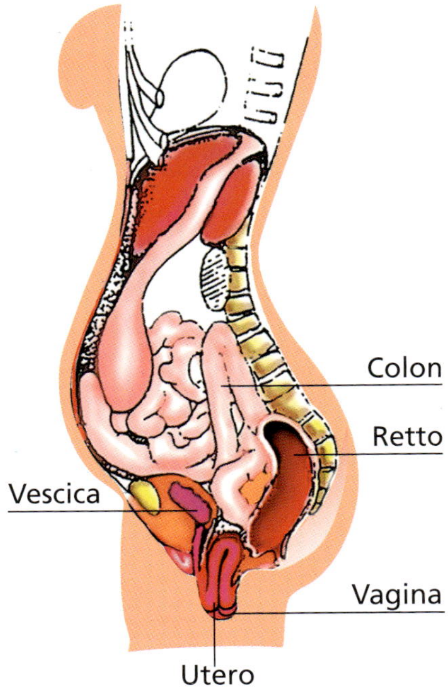

realtà si tratta di un intervento che indebolisce la robustezza del sostegno pelvico e predispone tutta la struttura a mantenersi cedevole per sempre.

La menopausa: *LA VESCICA POTREBBE INDEBOLIRSI.* Con la menopausa, se lo stile di vita non è sano, la vescica può indebolirsi a causa della riduzione di estrogeni, ormoni che garantiscono il trofismo, cioè la tonicità dei tessuti.

L'obesità: *TROPPO PESO SULLA VESCICA.* È un'incontinenza causata dall'eccesso di peso che grava sugli organi e sui muscoli pelvici, indebolendoli progressivamente. Se si riacquista il peso forma, in diversi casi il problema può risolversi.

Troppi sforzi: *LA VESCICA NE RISENTE.* Gli affaticamenti fisici esagerati pesano sul pavimento pelvico. Le forzate della palestra, per esempio, sottoponendo i muscoli addominali a sforzi eccessivi, possono danneggiare la muscolatura pelvica, a causa della pressione interna che comportano gli esercizi. La conseguenza, nel tempo, può essere proprio l'incontinenza urinaria.

La stipsi: *ATTENZIONE!* Chi soffre di stitichezza cronica mette a dura prova i muscoli pelvici. Lo sforzo di evacuare aumenta infatti notevolmente la pressione endoaddominale, indebolendo anche il sostegno alla vescica.

LA PTOSI PELVICA

GLI ORGANI PELVICI IN POSIZIONE NORMALE

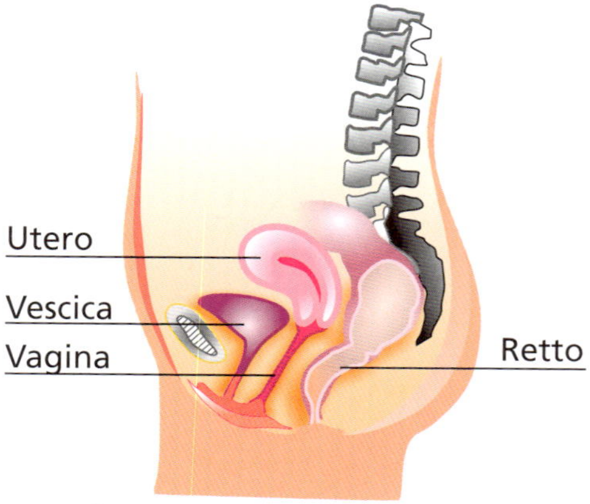

Gli organi sono posizionati nella loro sede anatomica

GLI ORGANI PELVICI NELLA PTOSI PELVICA

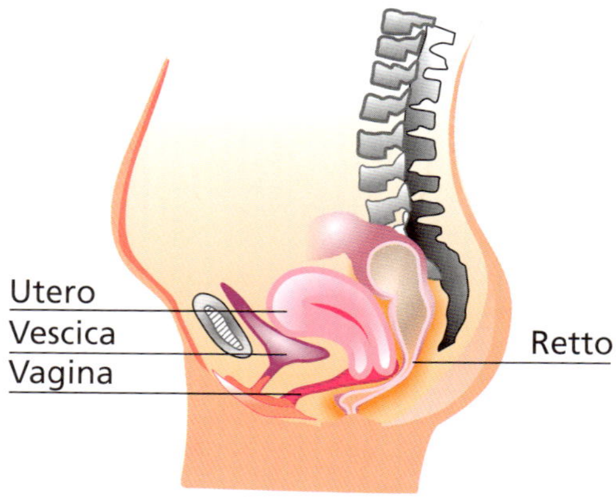

La vescica è compressa
L'utero è abbassato
L'addome è prominente
Il retto è compresso

Quando l'utero prolassa: *LA SITUAZIONE PEGGIORA.* L'incontinenza urinaria può verificarsi anche in seguito al prolasso dell'utero. L'organo preme sulla vescica che, essendo comprimibile, si abbassa: questa, a sua volta spinge sull'uretra. L'uretra, il canale attraverso cui scorre l'urina, viene deviata dalla pressione soprastante: l'anomala direzione interferisce con il sistema di continenza, provocando perdite involontarie, soprattutto in seguito a uno sforzo, a causa dell'aumento della pressione pelvica.

✓ Soluzioni palliative e soluzioni ottimali

Proposte di intervento

La soluzione oggi proposta per questi disturbi la vediamo nella pubblicità: è quella dei *pannolini*. Ma non è davvero una soluzione soddisfacente!

Nonostante sia risaputo che ogni muscolo si rinforza con la ginnastica, l'esercizio fisico purtroppo viene proposto raramente. Il suggerimento è invece quello di sopportare il disturbo oppure di sottoporsi a un intervento chirurgico. Persiste un facile ricorso alla chirurgia, nonostante il dottor Kegel, già dagli anni Cinquanta, prescrivesse gli esercizi per la muscolatura pelvica.

Ma c'è una soluzione migliore. Consiste nel creare prima di tutto una buona base di appoggio per gli organi interni: con la tonificazione dei muscoli pelvici. Una volta rafforzati, possono proteggere meglio l'uretra nei momenti di particolare pressione. Con Gymintima è quindi possibile una buona prevenzione dell'incontinenza urinaria e un ripristino della funzionalità contenitiva e di sostegno della muscolatura pelvica priva di tono. Questi esercizi dovrebbero essere praticati da tutte le donne come parte di uno stile di vita quotidiano, soprattutto in presenza di fattori che favoriscono una debolezza della vescica.

Una vagina priva di tono, come constateremo trattando il tema della sessualità, causa anche una minore sensibilità e quindi un minore piacere, sia da parte della donna che dell'uomo.

✓ Quando la vagina diventa atonica

Anche questa parte del corpo va esercitata

La debolezza pelvica si riflette anche sulla vagina.

In che modo? Si percepisce meno tonica, più inerte.

Non bisogna dimenticare che la vagina è formata da tessuti muscolari: si può contrarre, distendere, chiudere. È quindi importante che questi tessuti siano tonici. Ma in alcune donne sono così lassi che, se hanno applicato un tampone interno, durante uno sforzo lo rigettano.

✓ La ptosi e il prolasso degli organi pelvici

Quando la situazione peggiora

Non solo nelle donne di una certa età, ma alcune volte anche in quelle giovani: la ptosi e il prolasso pelvico sono situazioni più frequenti di quello che si pensa.

La *ptosi pelvica*, ricordo, è lo spostamento verso il basso di uno o più organi del bacino. Si tratta di una discesa permanente e progressiva che nel tempo può sfociare nel prolasso pelvico.

I DIVERSI TIPI DI PROLASSO PELVICO

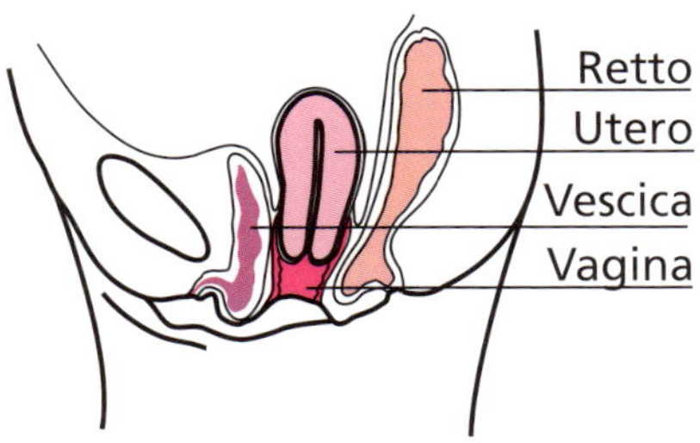

Prolasso dell'utero che scende all'interno della vagina

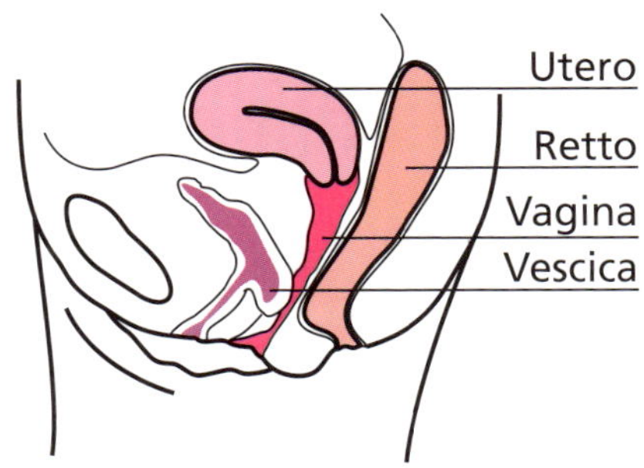

Prolasso della vescica che preme sulla vagina

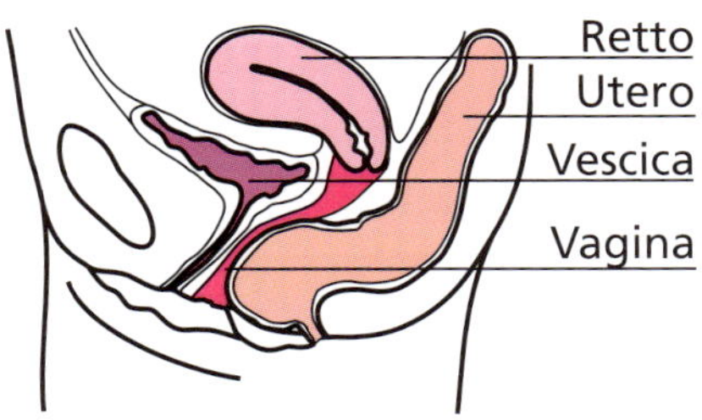

Prolasso del retto che spinge in avanti e preme sulla vagina

Il *prolasso pelvico* invece è la vera e propria fuoriuscita dell'organo stesso o di una sua parte dalla cavità in cui è contenuto. In questo caso le strutture di sostegno degli organi addominali e pelvici, i legamenti e soprattutto i muscoli cedono e non svolgono più la loro funzione efficacemente. L'assetto degli organi quindi si modifica, facendoli "cadere" verso il basso.

Legamenti e muscoli: *COME UNA NAVE ATTRACCATA.* I muscoli del pavimento pelvico, in condizioni normali, non fanno alcuna fatica a sostenere i visceri. Gli organi, provvisti di legamenti che li stabilizzano senza creare tensione, sono allacciati alle pareti pelviche. Separati tra loro, ciascuno alla giusta distanza, compiono lievi movimenti sull'onda delle contrazioni e delle distensioni dei vari muscoli.

I sintomi della ptosi pelvica

Quando il disturbo è agli inizi

Le manifestazioni che si presentano quando si verifica la ptosi pelvica sono:

- pesantezza e compressione al basso-ventre;
- dolori lombari, spesso confusi con lombalgie o sciatalgie;
- bisogno frequente di urinare, durante il giorno ma anche di notte;
- perdite di urina in seguito a sforzo, a una risata o a un colpo di tosse;
- disturbi o dolore durante i rapporti sessuali; assenza o diminuzione della sensibilità vaginale; calo del desiderio;
- disturbi della circolazione, varici, emorroidi, edemi;
- infiammazioni dell'apparato genitale, leucorrea e perdite anomale, per esempio di sangue.

I sintomi del prolasso pelvico

Quando il disturbo diventa grave

Le manifestazioni che si presentano quando si verifica il prolasso pelvico sono:

- incontinenza urinaria;
- fuoriuscita delle pareti vaginali, o dell'utero dalla vagina;
- disturbi della defecazione: se l'intestino terminale è coinvolto nell'abbassamento, può subentrare una difficoltà a evacuare. Oppure verificarsi una fuoriuscita involontaria di feci o gas intestinali.

I principali tipi di prolasso pelvico

Un nome per ogni cedimento

Il prolasso pelvico può essere così definito:

- *isterocele*: l'utero cede e discende nella vagina;
- *cistocele*: la vescica cede e preme sulla vagina;
- *rettocele*: il retto cede e spinge in avanti, premendo sulla vagina;
- *colpocele*: la vagina scivola verso il basso trascinando con sé la vescica e il retto.

Per comprendere meglio prova a immaginare la tua pelvi in questo modo: l'utero e la vagina sono come una nave attraccata al molo. Sono fermi, ma *fluttuano dolcemente*. Puoi infatti sentire la vagina stringersi e allargarsi, puoi "risucchiarla" verso l'alto. Puoi sentire l'utero pulsare. Tutto grazie all'azione combinata della muscolatura che li sostiene.

Se i legamenti – per quanto forti e robusti – non avessero il sostegno dei muscoli, prima o poi tenderebbero a lacerarsi, incapaci di reggere da soli il peso degli organi. Quando il pavimento pelvico è debole o danneggiato si verifica proprio questo: manca la base di appoggio. È come togliere l'acqua su cui galleggia la nave. Non può agganciarsi solo sulle corde di attracco.

Quali sono i problemi? *DIVERSI, PURTROPPO.* La ptosi e il prolasso degli organi pelvici causano nella donna numerosi problemi, spesso davvero sgradevoli. I disturbi infatti interferiscono con il normale funzionamento degli organi, comprimendoli e congestionandoli.

Quando un organo prolassa, di solito si sente. Si avverte un senso di peso, una sensazione spiacevole di fastidio a livello della pelvi e soprattutto a livello della vagina.

Si può provare notevole disagio anche quando si svolgono le più semplici attività quotidiane come fare una passeggiata, andare in bicicletta, stare a lungo in piedi. A fine giornata lo si avverte di più, perché la posizione eretta del corpo ha aggravato la situazione.

✓ Il prolasso dell'utero

Quando l'utero va dove non dovrebbe

Il prolasso dell'utero si verifica quando l'organo perde la sua naturale posizione e tende a scivolare verso il basso. Anziché mantenersi ben sospeso sui suoi legamenti all'interno del bacino, comincia a degradare verso la vagina.

Spesso in questa discesa sono coinvolti anche altri organi vicini: la vescica e l'ultimo tratto dell'intestino, il retto.

Gli stadi: *SONO TRE.* Il prolasso uterino può presentarsi in diversi stadi di gravità.

- La prima fase è la meno grave, perché non comporta variazioni anatomiche evidenti. Puoi accorgertene anche da sola, esplorando la vagina con un semplice esame digitale. A breve profondità si percepisce il collo dell'utero scivolato lungo il canale vaginale. In questo caso possono presentarsi difficoltà nel mantenere in vagina un tampone interno che, durante uno sforzo, può essere rigettato all'esterno.
- La seconda fase vede la comparsa permanente dell'utero a livello della vulva.
- La terza fase si verifica quando l'utero è ormai completamente fuoriuscito dalle vie genitali: è determinata dal cedimento della parete anteriore e posteriore della vagina, e del collo dell'utero. Per fortuna è la meno frequente.

Quali le cause? *SONO DIVERSE.* Il prolasso uterino non ha solo una causa. Ne ha diverse. Sono, in generale, le stesse che riguardano l'atonia pelvica, con alcune specifiche. Ecco quali.

- La debolezza pelvica. In alcune donne il prolasso uterino accade senza una causa diretta che lo giustifichi. I suoi legamenti, cioè i "legacci" che mantengono l'utero ben sospeso nell'addome, e il piano pelvico sono meno resistenti ed elastici, a causa di una debolezza talvolta costituzionale. Spesso questa caratteristica si ritrova in donne della stessa famiglia. Con il tempo la tendenza dell'utero a prolassarsi aumenta. La situazione peggiora con l'arrivo della menopausa: la riduzione degli estrogeni rende ancor meno elastico il piano di appoggio degli organi del basso addome.

- Il parto. Il prolasso uterino, in alcuni casi, può essere la conseguenza del parto, specialmente se il bambino è molto grosso oppure se il periodo espulsivo è stato difficile e lungo. Sono situazioni che determinano un effetto negativo sulla naturale elasticità del piano pelvico. Il rischio sussiste anche se il parto è stato effettuato con l'aiuto della ventosa o del forcipe, strumenti che possono causare un trauma sui tessuti pelvici e quindi un loro prolasso.

✓ Risolvere con la chirurgia?

Come interviene la medicina ufficiale

«Mia madre è stata operata. Anche mia zia e mia nonna. Così ho sempre pensato che a una certa età sarebbe toccato anche a me».

Molte donne considerano l'intervento chirurgico come un passo inevitabile, un destino a cui è impossibile sottrarsi.

Spesso, in caso di disturbi funzionali della pelvi, la medicina ufficiale dà poco spazio a interventi dolci e naturali: la scelta finale è chirurgica. In caso di prolasso uterino, per esempio, tante volte si interviene con l'isterectomia, cioè l'asportazione dell'utero.

Mi conviene? *GLI SVANTAGGI.* Le tecniche chirurgiche sono numerose e lo scopo è sempre lo stesso: supportare una struttura anatomica indebolita. L'intervento spesso non è però la soluzione migliore per i disturbi pelvici.

Ecco alcuni motivi fondamentali:

- agisce sull'effetto e non sulla causa di questi problemi, cioè la debolezza dei muscoli pelvici;
- provoca una ulteriore perdita della forza muscolare pelvica, già carente;
- ha un effetto limitato: il prolasso o l'incontinenza vengono eliminati al momento, però a distanza di tempo possono ripresentarsi in altra forma;
- gli effetti negativi e i rischi dell'intervento chirurgico sono diversi: trombosi, infiammazione della ferita, cicatrici vaginali profonde che possono rendere dolorosi i rapporti sessuali, e altri ancora.

Quando la situazione è stata trascurata per anni e anni, senza intervenire prima con una terapia semplice ed efficace come Gymintima, la chirurgia rimane però purtroppo l'unica risorsa. Anche se intervenendo prima poteva essere evitata. Talvolta viene affermato che la ginnastica pelvica non serve, perché non porta ai risultati sperati. Ma è necessario fare alcune precisazioni.

Innanzitutto la ginnastica pelvica che viene generalmente insegnata si compone solo di alcuni esercizi base, e non di un metodo completo come quello di Gymintima. Inoltre le donne spesso eseguono le tecniche senza un programma adatto. Così si demotivano e non sono costanti, riducendo la probabilità di ottenere buoni risultati.

Gli interventi chirurgici dovrebbero quindi essere presi in esame quando ogni altra possibilità terapeutica è fallita, e venire abbinati alla ginnastica intima per evitare ulteriori danni. Purtroppo invece nella medicina ufficiale sono spesso considerati come le uniche soluzioni.

✓ La ginnastica intima può aiutarti

Un approccio diverso

La realtà è che *solo tu* puoi aumentare la forza della tua muscolatura. E puoi farlo in un *solo modo*. Con l'esercizio. Un'operazione chirurgica non potrà mai ridarti la forza.

Con Gymintima puoi intervenire con esercizi appositi. Nei casi non particolarmente gravi puoi ottenere dei buoni risultati irrobustendo la muscolatura pelvica. Se l'intervento è invece necessario, perché la situazione è stata troppo a lungo trascurata, gli esercizi sono fondamentali per una buona ripresa post-operatoria, evitando altre complicazioni future.

Prima dell'operazione chirurgica, quindi, con Gymintima puoi intervenire rafforzando e tonificando la muscolatura del bacino, per evitare che l'intervento avvenga su muscoli e tessuti rilassati.

Dopo l'operazione chirurgica invece Gymintima ti aiuta a mantenere sana la nuova situazione, evitando di incorrere in un ulteriore prolasso.

Gymintima esercita inoltre un effetto psicologico importante per questa condizione femminile, difficile non solo dal punto di vista fisico ma anche emotivo. Quando per esempio una donna riceve la diagnosi di prolasso uterino spesso reagisce con grande avvilimento per poi rassegnarsi tristemente a quel destino. Nel descrivere le sue sensazioni spesso afferma: «Sono vecchia», «non sono più attraente per un uomo», «sono logora», «non funziono più». Alla diagnosi medica la donna aggiunge la diagnosi personale di un femminile invecchiato, senza più attrattive.

Poiché l'utero è simbolicamente collegato alla propria autoimmagine, al nucleo del proprio essere, una donna che soffre di prolasso si può sentire come se la sua femminilità le venisse portata via.

Come può aiutare Gymintima? Gli esercizi permettono una percezione positiva del corpo, nonostante il problema: riportano l'area genitale a nuova vitalità e permettono di sentirsi ancora femminili.

Vivere meglio le mestruazioni e la menopausa

Il ciclo femminile e Gymintima

Un ciclo mestruale senza dolorosi disturbi e una menopausa serena: per molte donne sono un sogno. Gymintima è estremamente utile per raggiungere questo obiettivo: gli esercizi contrastano infatti i disturbi mestruali e i disagi della menopausa.

✓ La sindrome premestruale

Alleviare la congestione

È uno dei principali disturbi legati al ciclo mestruale: un insieme di malesseri che si avvertono, con frequenza e intensità variabile, nei giorni precedenti l'inizio delle mestruazioni.

I disagi della sindrome premestruale iniziano a partire da circa 7-10 giorni prima della comparsa del flusso e scompaiono magicamente con il suo arrivo. Al ciclo successivo, però, il problema immancabilmente ricomincia.

Ogni mese, molte donne si trovano ad affrontare questa condizione di malessere: mal di testa, tensione e congestione dolorosa dei seni, gonfiore e tensione all'addome, pesantezza e ritenzione idrica alle gambe, fame nervosa, voglia di dolci. A cui si sommano irritabilità eccessiva, depressione, insonnia e ipersensibilità emotiva.

Gymintima può aiutare molto la sindrome premestruale. Il suo effetto positivo sembra dovuto a un *miglioramento dell'irrorazione della zona pelvica*: ciò permette di ridurre e alleviare la congestione presente in questa parte del corpo. Se si pratica con costanza il metodo, il flusso sanguigno scorre più libero e quindi il senso di pesantezza e il blocco circolatorio scompaiono.

✓ I dolori mestruali: la dismenorrea

Non temere più le mestruazioni

Un appuntamento mensile pieno di disagi: questo rappresentano le mestruazioni per molte donne. La dismenorrea, cioè il dolore mestruale, è un problema talmente diffuso nella popolazione femminile da essere dato quasi per scontato. Come se averlo fosse qualcosa di normale e non soffrirne un'eccezione.

Ben 7 donne su 10 soffrono di dolori mestruali. Per una larghissima fetta della popolazione femminile in età fertile, l'arrivo del flusso è quindi un appuntamento sgradevole, che può addirittura sconvolgere i normali ritmi della vita quotidiana: molto spesso, infatti, l'unica soluzione è quella di rimanere a letto, rinunciando a qualsiasi attività, dal lavoro allo sport, dagli impegni familiari ai momenti di divertimento. Ma è una situazione che si può cambiare!

La Naturopatia offre tante soluzioni, naturali ed efficaci. Tra queste c'è la ginnastica intima. Gli esercizi infatti migliorano il flusso circolatorio a livello pelvico e decongestionano la zona. *Diminuendo la congestione* diminuisce anche il fastidioso senso di pressione e pesantezza sull'utero e sulle ovaie. L'effetto-pompa creato dalle pratiche di ginnastica intima favorisce il fluire del sangue, *eliminando il ristagno e il dolore.*

Se Gymintima è abbinata a un intervento naturopatico, cioè all'uso di rimedi e terapie naturali, il risultato è garantito. Come naturopata ho potuto personalmente assistere a una infinità di casi risolti positivamente. Se il programma è adeguato è possibile eliminare completamente il disturbo. Sul mio sito trovi tante informazioni a riguardo.

Gli esercizi di ginnastica intima andranno praticati con regolarità durante il mese e più specificamente durante i momenti dolorosi.

✓ Le mestruazioni irregolari

Finalmente un ciclo regolare

Gymintima è benefica anche nelle irregolarità del ciclo e in caso di amenorrea, cioè assenza di mestruazioni in età fertile.

Gli esercizi agiscono sulla secrezione ormonale ovarica e sulla funzione ipofisaria, che a sua volta regola la produzione degli ormoni femminili. Come conseguenza il ciclo tende a equilibrarsi: se la data delle mestruazioni tarda troppo, viene anticipata; se è troppo ravvicinata, si allungano i tempi. Le amenorree temporanee possono lasciare il posto a un ripristino del ciclo mestruale regolare.

Se invece la mancanza di mestruazioni è data dalla menopausa – cioè dal fatto che il ciclo è arrivato al suo termine fisiologico – le mestruazioni non ritornano, eccetto in sporadici episodi iniziali di passaggio.

Però è proprio quando termina il ciclo che Gymintima diventa utilissima. Vediamo perché.

✓ I disturbi della menopausa

È possibile vivere con serenità questa nuova fase

Gymintima è particolarmente utile in menopausa. Anzi, davvero necessaria. Perché può prevenire e alleviare numerosi disturbi. In questo periodo della vita femminile si verificano una serie di cambiamenti, in seguito a un nuovo assetto ormonale di estrogeni e progesterone. Per molte donne la menopausa diventa un test che può rivelare problemi pelvici presenti da tempo, ma rimasti nascosti fino a questo momento.

Una pelvi tonica: *PER MANTENERSI SANE.* Gymintima in menopausa esercita numerosi benefici. Innanzitutto rafforza gli organi del bacino che in questa fase della vita possono indebolirsi più facilmente.

Con l'avanzare dell'età il corpo va incontro a modificazioni. Lo stesso accade alle strutture del pavimento pelvico: se la sua muscolatura non è mai stata stimolata, è più probabile che ora si verifichi un suo indebolimento.

Le tecniche di Gymintima possono aiutare in modo concreto. Le donne che incominciano un programma di tonificazione pelvica – o lo incrementano – si accorgono subito che i disturbi si riducono. In alcuni casi non si avvertono nemmeno.

Le vampate: *POSSONO RIDURSI.* Diverse donne, dopo aver frequentato i corsi di Gymintima, hanno notato che praticando gli esercizi pelvici avvertivano di meno le vampate, un sintomo molto comune in questa fase.

Può succedere. Nelle vampate infatti il calore che si sviluppa nel corpo tende a risalire verso l'alto. Eseguendo con costanza gli esercizi pelvici – che facilitano l'afflusso di sangue all'area del bacino – il calore è richiamato verso il basso: si decongestiona così la zona del viso, del collo e del torace, cioè le aree più colpite dalle vampate.

La secchezza vaginale: *PUÒ RISOLVERSI.* Con il passare degli anni, e con la menopausa, la vagina può andare incontro a un naturale processo di diminuzione della vascolarizzazione e dello spessore dei tessuti. Anche la secrezione lubrificante prodotta dalle ghiandole della parete vaginale può ridursi. Le donne che praticano regolarmente la ginnastica intima sono però meno soggette alla sintomatologia tipica dell'atrofia vaginale. E percepiscono molto meno la secchezza delle mucose, l'irritazione e il senso di fastidio nella vagina.

Molte dichiarano che facendo abitualmente gli esercizi non hanno più bisogno di utilizzare prodotti lubrificanti ad azione topica. Con gli esercizi intimi infatti la lubrificazione delle mucose interne viene mantenuta costante. Le donne notano però anche che se smettono di farli, la lubrificazione si riduce.

Gli esercizi di Gymintima, praticati regolarmente, migliorano quindi il trofismo vaginale: lavorano sulla rete vascolare e irrorano di sangue la mucosa, nutrendola e ossigenandola.

Il riequilibrio ormonale: *UNA DOLCE STIMOLAZIONE.* Gli esercizi pelvici agiscono anche a livello circolatorio, attivando il metabolismo cellulare. La circolazione così stimolata fa affluire sangue ricco di ossigeno agli organi genitali, favorendo la loro funzionalità. L'incremento del metabolismo può stimolare anche i processi ormonali collegati alle funzioni ovariche.

Un corpo più vitale: *MI SENTO BENE.* Gymintima, con le sue tecniche, impedisce all'utero e alle ovaie di "atrofizzarsi". Anche se questi organi hanno terminato la funzione procreativa, la loro esistenza non va ignorata solo perché non si manifesta più in modo visibile. Una buona irrorazione e stimolazione pelvica li mantiene sani e vitali.

Gli esercizi di Gymintima sono anche molto utili per supportare il sistema ormonale e ridurre i problemi della diminuita produzione di estrogeni. Sebbene con la ginnastica pelvica non si ripristini la produzione ormonale, si ottiene però un miglioramento di tutte le funzioni fisiologiche, in particolare a livello circolatorio. Ciò aumenta l'efficienza dell'organismo e la sua capacità nel far fronte agli effetti dovuti alle modificazioni ormonali.

È importante considerare che i disturbi della menopausa *non* sono un pedaggio da pagare con il passare degli anni. Il modo in cui una donna affronta questa fase dell'esistenza è diverso per ciascuna. E dipende largamente dallo stile di vita. E dal suo approccio mentale. Non esistono quindi disturbi standard, patologie come tappe obbligate. Non per forza si manifesteranno incontinenze, prolassi, infiammazioni, secchezza o altro. Molto dipende da noi. Anche se il corpo ha subito lesioni o traumi, la ginnastica intima praticata con costanza e continuità è un sistema totalmente naturale di intervento. Si può rafforzare una pelvi indebolita o danneggiata, e si può potenziare una pelvi complessivamente sana. Anche chi non presenta disturbi riceve grandi benefici e mantiene la struttura pelvica e gli organi in condizioni migliori.

Gymintima e la terapia ormonale: *SI ABBINA A OGNI INTERVENTO.* La ginnastica intima è anche un valido complemento alla terapia ormonale, sia naturale che sintetica.

Alcune donne, in questa fase della loro vita, scelgono di assumere ormoni sintetici. Come naturopata suggerisco, se necessario, di utilizzare *ormoni naturali*, cioè derivati dalle piante o dagli alimenti. O ancora meglio, cure naturopatiche ad ampio spettro, che supportano dolcemente l'organismo in questa fase. Un intervento di questo genere è più dolce e meno invasivo, ma comunque efficace. Sul mio sito trovi tante informazioni a riguardo.

Concludendo, anche se Gymintima si abbina bene a qualsiasi scelta terapeutica, la sua azione è meglio valorizzata dall'uso di sostanze naturali – e non sintetiche – più in sintonia con i cicli del nostro organismo.

Aumentare il piacere sessuale

Gymintima e la sessualità

Alcune partecipanti ai miei corsi raccontano: «Ho iniziato a praticare gli esercizi di Gymintima per risolvere i miei disturbi pelvici e dopo un certo tempo mi sono accorta che il mio piacere sessuale era aumentato». Oppure: «Praticando Gymintima ho iniziato a vivere un orgasmo pieno e profondo». E ancora: «Il mio compagno dice che da quando pratico Gymintima sente più piacere. Anche io avverto un appagamento sessuale maggiore».

È possibile tutto questo? Sì, lo è. Un netto miglioramento della vita sessuale è uno dei benefici effetti più spesso citati dalle donne che hanno fatto esercizi di ginnastica intima.

Con Gymintima la donna può infatti vivere una *sessualità molto più piena e appagante*. Per molte donne è un fatto nuovo: non si pensa che le sensazioni di eccitazione e piacere, e la possibilità di avere orgasmi appaganti, siano correlate anche alla nostra capacità di percepire la pelvi e di saper muovere i suoi muscoli.

Gli esercizi di Gymintima non sono una tecnica indicata solo per chi soffre di disturbi specifici, ma anche un aiuto per le donne che vogliono ottenere una maggiore sintonia con il loro corpo: un piacere più diffuso e orgasmi più intensi sono infatti dati anche da una muscolatura pelvica forte e riattivata.

Molte donne demandano il piacere sessuale alla stimolazione che ricevono dal pene dell'uomo durante la penetrazione. Ma *muscoli vaginali tonici e forti* sono tra i maggiori responsabili dell'intensità delle sensazioni provate mentre si fa l'amore. Anche se i fattori psicologici sono essenziali nell'espressione della propria sessualità, in molti casi la tonicità e il controllo dei muscoli pelvici è fondamentale.

Alcuni tra gli effetti positivi di Gymintima, riscontrati in donne di ogni età, sono stati un aumento del piacere sessuale e orgasmi più frequenti e appaganti.

Gli esercizi di Gymintima rappresentano quindi anche una ginnastica per far meglio l'amore, per dare e ricevere più piacere. Questo metodo, attraverso la sua azione pelvica e ormonale, migliora e intensifica l'appagamento sessuale della donna. Ma anche dell'uomo.

Vediamo perché. Le azioni di Gymintima lo spiegano.

✓ Tonificare i muscoli del piacere

I muscoli perivaginali

In uno studio condotto su oltre tremila donne, il dottor Kegel osservò che quelle che presentavano una muscolatura pelvica ben sviluppata e tonica dichiaravano anche di avere una vita sessuale soddisfacente, mentre le donne con la muscolatura più debole si dichiaravano indifferenti o scarsamente coinvolte dal piacere sessuale. Conclusione: quando i muscoli pelvici sono tonici la donna "sente" di più.

I vantaggi di Gymintima per la sessualità sono numerosi.

Gli esercizi migliorano innanzitutto la tonicità delle pareti vaginali che si trovano così più a intimo contatto con il pene. Il piacere aumenta, sia nella donna che nel partner.

Se infatti i muscoli perivaginali sono poco tonici saranno anche poco sensibili agli stimoli sessuali. Questa ginnastica è quindi particolarmente consigliata quando i rapporti sessuali sono caratterizzati da una mancanza di piacere. Si tratta di scarsa sensibilità vaginale, cioè di ipoestesia, o addirittura di una totale anestesia: è la sensazione di "non provare niente". Ciò non permette di avere un orgasmo durante la penetrazione. Questa situazione è spesso evidente nelle donne che hanno partorito da poco. Peggiora in menopausa perché la carenza ormonale può contribuire alle distrofie dei tessuti pelvici.

Quando c'è poca tonicità pelvica anche l'uomo esprime alla sua compagna una sensazione di scarso contatto con la vagina e dice "di non sentirla".

Ma la tonicità vaginale può svilupparsi in breve tempo. Le donne riportano che tutta l'area genitale diventa più sensibile. Aumenta anche la capacità di percepire sensazioni diverse a livello genitale. Più sottili. Si sviluppa così un maggiore senso di connessione e di controllo di questa parte del corpo.

Contrazioni orgasmiche spontanee: PUOI STIMOLARLE. Queste tecniche insegnano anche a contrarre e distendere ritmicamente i muscoli durante la penetrazione, aumentando la sensibilità per ambedue i partner: il contatto del pene contro le pareti di una vagina tonica, attiva e rilassata regala sensazioni piacevoli a entrambi.

La stimolazione dei muscoli perivaginali li rende inoltre più "pronti" alle contrazioni orgasmiche. L'orgasmo, specie se intenso, è infatti accompagnato da forti pulsazioni dei muscoli pelvici: la vagina si contrae e distende ritmicamente. Quindi se raggiungi l'orgasmo con facilità, diventerà più intenso e appagante; se lo raggiungi di tanto in tanto o hai difficoltà, sarà più facile e frequente. Alcune partecipanti ai miei corsi hanno riportato di aver raggiunto l'orgasmo per la prima volta grazie a Gymintima.

✓ La tua sessualità migliora

Con l'irrorazione pelvica i benefici si sentono

La stimolazione dovuta agli esercizi crea una maggiore irrorazione pelvica, cioè un aumento del flusso sanguigno agli organi sessuali, che diventano più turgidi e voluminosi. Migliora contemporaneamente anche la lubrificazione della vagina.

Spesso le donne condividono di sentire la lubrificazione vaginale che aumenta già durante le tecniche. E anche l'eccitazione sessuale.

✓ Quando i dolori non ti bloccano più

Sessualità e rilassamento pelvico

Durante l'atto sessuale è molto importante anche sapere rilassare l'area del bacino. Se i muscoli sono tesi, duri e contratti infatti viene ridotta la sensibilità al piacere. Durante il momento dell'orgasmo, inoltre, la tensione, anziché essere scaricata, può venir trattenuta, causando un blocco energetico nell'area pelvica. È una condizione che può essere avvertita come un dolore o un irrigidimento o una stasi del piacere, che non riesce a defluire. Se protratta nel tempo si cronicizza e può portare a stati patologici veri e propri.

✓ Corpo, finalmente sento il tuo piacere

Sessualità e consapevolezza pelvica

Gli esercizi di Gymintima aumentano anche la consapevolezza pelvica, cioè insegnano a conoscere meglio il proprio corpo e a godere di esso.

Le zone di maggiore sensibilità variano notevolmente da donna a donna: la consapevolezza pelvica aiuta a individuare o riscoprire le zone del proprio corpo più reattive agli stimoli, imparando così a vivere un piacere più profondo. Questa nuova consapevolezza agisce spesso con un *effetto liberatorio*, migliorando anche la vita sessuale. Man mano che si impara a conoscere il proprio corpo tramite gli esercizi pelvici si comprende meglio quali zone sono le fonti di maggiore piacere.

Una migliore consapevolezza d'uso e potenza dei muscoli perivaginali facilita inoltre orgasmi più intensi e appaganti.

L'esercitazione di qualsiasi muscolo, compreso quello perivaginale, migliora lo "schema corporeo", cioè la rappresentazione mentale di quella parte del corpo. Nella donna ciò è fondamentale perché spesso i genitali sembrano quasi essere ignorati.

Migliorando la capacità di "ascoltare" selettivamente questa parte del corpo, accresce anche l'intensità della percezione a livello psichico. Ciò si traduce in una maggiore velocità ad avere l'orgasmo e in una aumentata intensità di piacere. Non in ultimo può anche favorire gli orgasmi multipli.

✓ Liberare qualcosa dentro

Sciogliere la "tensione sessuale"

Lo scopo degli esercizi di Gymintima è inoltre quello di liberare i blocchi dell'energia sessuale.

La mancanza di appagamento e piacere è spesso accompagnata alla cosiddetta "tensione sessuale", cioè a una eccessiva contrazione e rigidità dei muscoli, specie nell'area pelvica. La tensione sessuale si verifica quando l'eccitazione non viene scaricata attraverso l'orgasmo. Nel tempo si instaura uno "stress sessuale": l'energia bloccata produce muscoli rigidi e posture corporee scorrette.

Il blocco cronico dell'energia sessuale può portare a senso di insoddisfazione e patologie, specie dell'area pelvica. Scopo degli esercizi di

Gymintima è quello di sciogliere questo blocco, per far *fluire l'energia liberamente*.

Molte donne riportano che quando questo accade è come se "si liberasse qualcosa dentro". Lo scorrere del flusso energetico viene percepito come una sensazione di nuova vitalità, estremamente piacevole.

✓ Stimolare l'erotismo

Io posso creare il piacere

Chi pratica Gymintima spesso si accorge che il desiderio sessuale aumenta. È un insieme di più fattori a stimolare l'erotismo: la migliore irrorazione del bacino, l'azione ormonale, la liberazione energetica, la consapevolezza pelvica.

Molto spesso le donne raccontano che la maggiore voglia di fare l'amore è accompagnata anche da sogni erotici più frequenti. E affermano anche di sentirsi più sensuali.

Esercizi durante il rapporto sessuale: *AUMENTA IL PIACERE PER TE E PER IL TUO PARTNER.* L'erotismo può essere anche aumentato durante il rapporto sessuale, praticando alcuni esercizi di Gymintima. In particolare con le contrazioni dei muscoli perivaginali, una tecnica stimolante ed eccitante.

La nostra cultura ci ha inculcato un'immagine della penetrazione dove solo l'uomo è attivo, con un movimento su e giù, mentre la donna è passiva. In realtà la sessualità femminile durante la penetrazione ha la sua maggiore espressione proprio nella *contrazione volontaria* della vagina.

I muscoli che la "muovono" fanno parte del pavimento pelvico: si trovano intorno a essa e la circondano come un bracciale. La donna potenzialmente è quindi molto attiva. L'azione femminile può essere varia: la vagina è in grado di fare tanti movimenti. Se infatti si osserva un'immagine anatomica del pavimento pelvico si può notare che è complicata perché formata da muscoli che vanno in ogni direzione: longitudinale, trasversale, obliqua e circolare. Questi muscoli si attivano contemporaneamente, rendendo il movimento vaginale intenso e variegato. Diventando via via più capaci è possibile anche contrarre alcuni muscoli separatamente, ottenendo ulteriori varietà di movimento.

Le tecniche di stimolazione pelvica rendono addirittura possibile introdurre un pene con una minima erezione per portarlo, attraverso i movimenti vaginali, a un'erezione completa. Questi esercizi non aiutano solo lei, ma anche lui nel provare più piacere. E anche nel risolvere problemi di erezione o di eiaculazione precoce. Gli uomini che hanno rapporti sessuali con donne che hanno potenziato la muscolatura pelvica condividono sensazioni di questo tipo: è come se il pene venisse toccato da una mano vellutata che stringe, allenta, massaggia.

La donna che sa usare i muscoli perivaginali può rimanere ferma, immobile eppure essere interiormente molto attiva. In alcune fasi del rapporto è interessante bloccare completamente il movimento del pene e muovere solo i muscoli del pavimento pelvico, sia per lui che per lei. Questa pratica favorisce un intenso ascolto reciproco. Il cervello non è più distratto nel coordinare tutto il corpo in movimento. Focalizzandosi solo sull'ascolto intimo ci si apre a una amplificazione delle sensazioni di piacere. È necessaria però esperienza e una grande capacità di muovere la muscolatura pelvica senza stancarsi. Per entrambi i partner.

La pratica può essere effettuata anche solo dalla donna, mentre l'uomo rimane con il pene immobile nella vagina. È stimolante e appagante sia per lui che per lei.

Quando giunge l'orgasmo è spesso molto intenso.

✓ Vivere la sessualità in tutto il corpo

Non limitare il piacere solo all'area genitale

Gymintima ha un'azione specifica sulla sessualità non solo attraverso la ginnastica pelvica ma anche tramite movimenti armonici completi.

Per far fluire l'energia sessuale è infatti necessario armonizzare le diverse parti del corpo e sciogliere anche eventuali tensioni al collo, alla mandibola, alle gambe, alla colonna vertebrale, all'addome. Se queste zone sono contratte anche il bacino, di riflesso, può essere contratto. Per esempio le natiche o l'addome tesi possono bloccare le sensazioni sessuali.

I movimenti di Gymintima mirano quindi a restituire al bacino scioltezza e vitalità, a rendere la colonna vertebrale flessibile e sinuosa e a fare del corpo un insieme di parti in armonia fra loro, per propagare come un'onda il piacere sessuale. Il corpo diventa un'unità completa che vive pienamente la sessualità.

✓ E se soffro di...

Disagi sessuali che possono essere superati

Frigidità: *L'ASSENZA DI PIACERE.* Gymintima è un aiuto anche in caso di frigidità, cioè in assenza di piacere durante il rapporto sessuale.

Questo disturbo spesso viene collegato a conflitti psicologici non risolti. Ciò è sicuramente vero. Ma non è da escludere il fatto che le donne frigide spesso presentano una muscolatura pelvica molto atonica, anche se giovani. Oppure irrigidita. I muscoli pelvici vengono inoltre utilizzati in maniera scorretta, perché manca una percezione e una consapevolezza degli stessi. La prova è il fatto che con Gymintima l'appagamento sessuale migliora, anche per le donne che non lo vivevano affatto.

Ritengo che oltre all'azione di tonificazione pelvica, Gymintima agisca anche portando la donna a contatto con una parte del suo corpo che spesso rinnega, cioè la zona genitale e il bacino.

Nei corsi di Gymintima molte donne condividono che con questi esercizi tornano a sentire una parte del corpo prima "dimenticata".

Dispareunia: *I RAPPORTI DOLOROSI.* La dispareunia è il dolore femminile nel rapporto sessuale. Spesso causato da una contrazione involontaria dei muscoli pelvici, questo disturbo non permette quasi mai il raggiungimento dell'orgasmo. Come conseguenza il desiderio femminile si riduce. La donna teme il disagio e diventa ansiosa, rifiutando il rapporto.

Gymintima, con i suoi esercizi, è molto utile in questo caso. Aiuta la donna a prendere consapevolezza della muscolatura pelvica e a rilassarla: il dolore si riduce e aumenta il piacere durante la stimolazione. La migliorata irrorazione pelvica favorisce inoltre il trofismo dei tessuti e una migliore lubrificazione, riducendo la secchezza vaginale tipica delle donne troppo stressate, o di quelle in menopausa.

Vaginismo: *QUANDO LA PENETRAZIONE È DIFFICOLTOSA.* Se durante il rapporto una donna è particolarmente tesa o ansiosa, i muscoli che circondano la vagina si contrarranno spasmodicamente. Questo fatto renderà la vagina più stretta e provocherà dolore locale: la penetrazione diventa difficile o impossibile.

Le tecniche di rilassamento, specialmente della muscolatura pelvica, sono in questo caso fondamentali. Gymintima può quindi rappresentare un aiuto.

✓ Capaci di provare piacere

Il piacere lo gestisco io

Molte donne cercano l'uomo giusto che le porti all'appagamento.

In realtà il vero godimento si trova dentro di sé, divenendo innanzitutto capaci di gestire la propria sessualità. Ciò significa che l'appagamento non deve solo dipendere dall'altra persona ma dalla capacità di percepire il proprio corpo, dalla consapevolezza dei punti di godimento, dall'abilità nel muovere la muscolatura pelvica e il bacino, per incanalare e guidare il piacere sessuale.

Una donna deve innanzitutto trovare tutto questo in sé. Non demandarlo ad altri. Questa è la vera libertà sessuale.

Gravidanza e parto più facili con la ginnastica intima

Gymintima e la maternità

Gli esercizi di Gymintima sono di supporto in un importante e delicato momento della vita della donna: la gravidanza e il parto.

La nascita di un bambino porta molte gioie alla nuova mamma ma contemporaneamente mette sotto forte pressione l'area pelvica. Durante la gravidanza l'utero – con la placenta, il liquido amniotico e il bambino – è sorretto proprio dalla struttura ossea del bacino e dai muscoli del pavimento pelvico.

Ciò comporta una modificazione notevole nella struttura anatomica e nell'assetto degli organi interni. Anche durante il parto lo stiramento e la compressione delle strutture pelviche è tale da non verificarsi mai in nessun'altra situazione: tutti i tessuti sono così dilatati da perdere gran parte della sensibilità.

✓ La gravidanza

Gymintima è fondamentale

Durante la gravidanza gli esercizi di Gymintima sono quindi utilissimi: per portare avanti al meglio la gestazione e come preparazione al parto. La ginnastica pelvica diventa addirittura *fondamentale* in caso di debolezza e mancanza di elasticità del pavimento pelvico. Gli esercizi diventano ancora più necessari se già in questo periodo si verificano perdite involontarie di urina.

✓ Il parto

Meno dolore con la giusta preparazione

Le donne conoscono bene la fatica del parto. O per esperienza diretta o indirettamente attraverso i racconti di altre donne. Ciò che invece molte trascurano è il fatto che il dolore e la fatica del parto possono essere ridotti notevolmente.

Un buon allenamento dei muscoli pelvici li rende più elastici e pronti a estendersi. Insegna inoltre a rilassarli. L'ultima fase del parto avviene tanto più facilmente quanto più la donna riesce a rilassarsi. Imparare a sciogliere i muscoli pelvici è di grande aiuto nella fase decisiva, cioè durante la nascita del bambino.

È inoltre importante ricordare che il parto vaginale, pur essendo un atto fisiologico naturale, in qualche modo altera la funzionalità pelvica. Praticare gli esercizi già da prima – prima cioè dell'instaurarsi della gravidanza – è un aiuto in più dato al corpo. La struttura si tonifica, si rafforza e gli eventuali danni sono più limitati.

Anche i processi di rigenerazione, se la pelvi è tonica, avvengono più velocemente. Le tecniche di Gymintima aiutano a rinforzare non solo i muscoli, ma anche le strutture connettivali. Le fasce endopelviche infatti sono sottoposte a uno stiramento intenso durante il parto. Gli esercizi, grazie anche all'azione sul sistema circolatorio, nutrono i tessuti cellulari e facilitano la riparazione dei danni da trazione. Viene favorita la produzione di nuovo collagene per riformare le cellule compromesse e la struttura fasciale si rigenera in tempi più brevi.

✓ Il *post partum*

Riprendersi facilmente

Il potenziamento pelvico è uno dei primi interventi necessari nel periodo che segue il parto: in questo momento la ginnastica intima è fondamentale.

Diverse donne, nel tentativo di recuperare al più presto una pancia piatta e un corpo snello, si sottopongono a intensi programmi di attività fisica in palestra.

Spesso però uno sforzo fisico intenso dopo il parto – quando la struttura pelvica è ancora indebolita dalla recente sollecitazione – non aiuta. Anzi può danneggiare.

Solo dopo essersi assicurate un'adeguata tonicità pelvica sarà opportuno dedicarsi anche ai muscoli addominali, agendo soprattutto sul trasverso dell'addome. Lavorare sugli addominali *senza* avere precedentemente agito sui muscoli pelvici significa solo sforzare ulteriormente questi ultimi.

Per molte donne anche fare l'amore dopo il parto è più difficile. Si può sentire dolore o un senso di rilassamento eccessivo. Il corpo deve riassestarsi ai cambiamenti. Un'azione mirata come accade con le tecniche di Gymintima aiuta però a ripristinare il tono muscolare e restituisce sensibilità e piacere al rapporto sessuale.

Tutte le donne che hanno praticato Gymintima dopo il parto hanno notato una ripresa più veloce del tono muscolare e della sensibilità.

✓ I problemi di fertilità

Gymintima può aiutare

Gymintima può essere utile anche nei casi di infertilità, sia della donna che dell'uomo. La maggiore tonicità pelvica e la migliore irrorazione possono infatti favorire l'efficienza riproduttiva, aumentando la possibilità di concepimento. Anche un miglior rapporto con la zona pelvica può favorire uno stato di rilassamento favorevole al concepimento.

La ginnastica intima può essere utile anche quando gli spermatozoi hanno difficoltà a raggiungere l'ovulo o quando nel liquido seminale la densità di spermatozoi attivi è bassa. Affinché l'ovulo venga fecondato lo sperma deve infatti penetrare nell'utero. Se la muscolatura pelvica è forte può contribuire a convogliare il liquido seminale verso la cervice. Gli esercizi per i muscoli vaginali collaborano nella fecondazione aspirando e spingendo gli spermatozoi verso l'ovulo.

Non è ancora possibile affermare quanto gli esercizi pelvici possano essere utili al concepimento, tuttavia molte donne che hanno sperimentato il metodo sono convinte che essi siano stati un fattore importante.

Chi avesse difficoltà a rimanere incinta, può quindi sperimentarli. Non costa nulla e non può far che bene.

Altri disturbi correlati alla pelvi

Gymintima può migliorare tante situazioni

Problemi di circolazione alle gambe, dolori alla schiena, articolazioni infiammate. Quando la nostra pelvi non è in equilibrio i disturbi si manifestano non solo nel bacino e negli organi in esso contenuti.

Ma anche in altre parti del corpo.

La pelvi è infatti attraversata da numerosi nervi, vasi sanguigni e linfatici. Ogni alterazione della sua conformazione, tonicità o postura si ripercuote su di essi, comprimendoli, infiammandoli e riducendone la funzionalità.

Le alterazioni della pelvi possono quindi provocare non solo dolore ma anche veri e propri disturbi alla schiena e alle gambe: lombalgia, sciatalgia, emorroidi e vene varicose. Anche se tutti questi problemi sembrano non avere alcun nesso con i muscoli pelvici, in realtà, intervenendo su di essi, possiamo fare molto per ridurli e migliorarli.

✓ Le malattie dell'apparato genitale e urinario

Gymintima aiuta

Per l'apparato genitale e urinario gli esercizi di Gymintima non sono solo benefici: sono una vera e propria terapia.

Moltissime donne, abbinando Gymintima a un intervento naturopatico, hanno migliorato, o risolto, disturbi genitali quali *leucorree*, *vaginiti* croniche, *cisti ovariche*, *disturbi del ciclo*, *endometriosi*, *fibromi* uterini.

Infezioni vaginali e candida: *UN BENEFICO APPORTO DI OSSIGENO.* Gli esercizi sono molto indicati in caso di infezioni vaginali persistenti – per esempio la candida che dura per lunghi periodi – perché arricchiscono le cellule dei tessuti interni con sangue in cui è contenuta un'alta percentuale di ossigeno. L'ossigeno, a livello cellulare, stimola le funzioni organiche apportando nutrimento ai tessuti. Stimola anche le funzioni immunitarie: le cellule, rivitalizzate e rinforzate, rispondono con efficacia all'attacco di virus e batteri.

L'apparato urinario: *UN BENEFICO EFFETTO RIVITALIZZANTE.* Oltre a prevenire e favorire la guarigione dell'incontinenza, Gymintima è molto utile anche per i disturbi infiammatori. Una migliore irrorazione sanguigna infatti nutre e rivitalizza gli organi dell'apparato urinario: i tessuti, arricchiti di ossigeno, aumentano la capacità di difendersi dalle infezioni e dalle malattie. L'abbinamento di un intervento naturopatico insieme alla rieducazione pelvica consente quindi il miglioramento o addirittura la guarigione di svariati disturbi della sfera urinaria.

Inoltre Gymintima agisce da subito beneficamente sulla *diuresi*: con gli esercizi si verifica fin dalle prime volte un aumento della produzione di urina, con grande vantaggio sul sistema idrico del corpo, l'eliminazione di scorie e la riduzione dei gonfiori.

✓ La stitichezza

Gymintima serve

I problemi pelvici possono causare a loro volta problemi intestinali.

In caso di *atonia* pelvica l'evacuazione può essere difficoltosa.

In caso di *tensione* pelvica invece può insorgere stitichezza da spasmo cronico ano-rettale, dovuta cioè a una contrattura persistente dei muscoli anali e rettali.

✓ I disturbi dell'apparato circolatorio

Gymintima porta beneficio

L'atonia dei muscoli pelvici può provocare disturbi circolatori alle gambe e ai piedi, dovuti alla congestione e alla stasi sanguigna del bacino: possono peggiorare l'insufficienza circolatoria, la pesantezza, la rigidità, il gonfiore delle gambe, le varici. E anche le emorroidi.

Le emorroidi: *È IMPORTANTE DECONGESTIONARLE.* Anche le emorroidi beneficiano di Gymintima: una migliore irrorazione pelvica e una maggiore tonificazione le decongestionano ed evitano il loro peggioramento.

Le emorroidi sono vasi sanguigni, cuscinetti morbidi e molto vascolarizzati situati nella parte terminale del retto. Aiutano la continenza fecale. In condizioni normali non si avvertono. Si sente invece la loro presenza quando si gonfiano e si infiammano, dando origine ai classici disturbi che molte persone conoscono: si tratta infatti di una patologia molto diffusa.

Rigonfiamento della mucosa, dolore intenso, infiammazione, perdite sierose, sanguinamenti e prurito anale sono i sintomi ricorrenti. Circa il 90 per cento delle persone ne ha sofferto almeno una volta nella vita. Sono in molti a convivere in silenzio con questi malesseri: un fastidioso disagio, acuito da un senso di pesantezza a livello ano-rettale.

I disturbi emorroidari nascono dalla congestione delle vene che circondano il retto e l'ano. Le cause sono diverse, ma la debolezza e la stasi pelvica sono fattori aggravanti. Un pavimento pelvico debole predispone a questa patologia: la stasi pelvica non favorisce il deflusso sanguigno e le pareti venose si ingorgano.

L'infiammazione e il sanguinamento delle emorroidi è peggiorato anche dalla *stitichezza*. Gli sforzi compiuti per eliminare le feci creano un aumento eccessivo della pressione endoaddominale e un esagerato afflusso di sangue nei vasi anali, favorendone la rottura. Le emorroidi sono inoltre frequenti *dopo il parto* a causa dell'aumento di pressione all'interno del bacino.

I problemi spesso peggiorano nel tempo: le emorroidi possono diventare sempre più gonfie, dure e infiammate causando dolori intensi; il sanguinamento può diventare debilitante. Tante volte prolassano, fuoriuscendo dal canale anale, per esempio quando si compie uno sforzo, o anche solo per un colpo di tosse, o durante la defecazione.

Le tecniche di Gymintima, abbinate a uno stile di vita sano, possono aiutare molto: tonificano e drenano gli eccessi di sangue. Gli esercizi sono diretti soprattutto a rinforzare e potenziare lo sfintere anale e il fascio puborettale dell'elevatore dell'ano. Sono tutti efficaci, ma i più indicati sono quelli in cui la pelvi è sospinta verso l'alto. Le varici vengono decongestionate e si stimola il reflusso venoso verso il cuore. I disturbi emorroidari si alleviano e si prova un senso di benessere e di sollievo man mano che si acquisisce padronanza nella pratica.

Anche dopo un intervento chirurgico alle emorroidi, le tecniche di Gymintima rappresentano una vera riabilitazione terapeutica. Fanno parte di quella che, in senso più generale, viene definita la riabilitazione proctologica. Riguarda non solo le emorroidi, ma le diverse disfunzioni dell'area ano-rettale. Per esempio la stitichezza, l'incontinenza di feci o di gas intestinali.

✓ I dolori della schiena

Gymintima agisce di riflesso

Gli effetti benefici di Gymintima si estendono a *ossa e muscoli* in generale. La pelvi, come hai già appreso, è un fulcro e agisce sulla struttura dell'intero corpo: se è debole anche la postura si modifica e l'intera struttura scheletrica e muscolare si altera.

Con Gymintima si possono anche migliorare alcuni dolori alla schiena. Esiste una stretta relazione tra gli organi pelvici e la parte lombosacrale della colonna vertebrale. Per esempio i legamenti che sorreggono le ovaie e l'utero si fissano alla colonna lombare e sacrale. Se avverti dolori lombari in fase pre-mestruale e mestruale sono di solito dovuti alla relazione che la schiena ha con gli organi pelvici, attraverso le strutture legamentose. Quando gli organi pelvici sono congestionati, contratti o non correttamente posizionati nella loro sede, provocano una dolorosa trazione sui legamenti posteriori di sostegno: come conseguenza insorgono lombalgie. Questi fastidiosi *dolori lombo-sacrali* possono essere alleviati rinforzando la muscolatura pelvica.

Se la muscolatura pelvica è debole succede anche che la zona lombare si carica del lavoro che dovrebbe svolgere il bacino, per esempio quando solleviamo un peso o facciamo altri tipi di sforzo.

Un'alterazione della pelvi inoltre può provocare problemi di coordinamento tra le gambe e la colonna vertebrale.

✓ Le sciatalgie

Si può fare qualcosa

Anche le sciatalgie possono essere accentuate da una irregolarità pelvica.

Il nervo sciatico fa parte delle ramificazioni nervose che fuoriescono dalle vertebre lombari della colonna vertebrale. Attraversa il bacino e scende lungo le gambe fino ai piedi, per innervare la parte inferiore del corpo. Una irregolarità pelvica può comprimere o irritare questo nervo, infiammandolo e provocando dolore.

✓ I gonfiori del corpo e del sistema linfatico

Togliere gli ostacoli

Insieme alla circolazione sanguigna anche quella linfatica può risultare compromessa da una irregolarità pelvica. Gambe gonfie, pancia gonfia, senso generale di gonfiore: quando a livello pelvico il flusso linfatico viene ostacolato possono verificarsi edemi, cioè gonfiori dovuti a ritenzione idrica nei tessuti. Un drenaggio inefficiente di liquidi e tossine da parte del sistema linfatico produce dannosi ristagni all'interno degli organi, delle articolazioni, degli arti e delle estremità, cioè mani e piedi. Senso di pesantezza, affaticamento del corpo e mancanza di energia sono alcuni dei disturbi che possono manifestarsi quando il flusso linfatico viene compromesso a livello pelvico.

Un altro effetto della stasi linfatica è la *cellulite*, un'infiammazione del tessuto sottocutaneo causato da accumulo di liquidi e tossine fra le cellule, ben nota a molte donne.

Gymintima e le età particolari

Il metodo fa bene a tutte

✓ Le giovani donne

Imparare da subito

Gymintima è utile anche per le giovanissime, bambine o adolescenti. Gli esercizi, adeguati in alcune modalità, aiutano le giovani donne a esercitare questa importante parte del corpo femminile e ad acquisirne consapevolezza.

Le bambine: *SPESSO LA DEBOLEZZA PELVICA INIZIA A QUESTA ETÀ.* La debolezza pelvica ha spesso origini lontane, nell'infanzia, quando i bambini apprendono il controllo degli sfinteri.

Se la piccola impara a controllare gli stimoli fisiologici con difficoltà, utilizzerà i muscoli addominali e quelli interni delle cosce al posto dei muscoli pelvici. Come conseguenza non vengono sviluppate la forza di contrazione pelvica e una buona capacità di controllo, nemmeno in età adulta. Solo un esercizio specifico può correggere questa condizione.

Diverse donne affette da incontinenza urinaria hanno manifestato i primi sintomi fin dall'infanzia, con la difficoltà ad apprendere il controllo dello stimolo urinario, o con l'enuresi notturna, cioè una perdita incontrollata di urina durante il sonno. Se questi disturbi possono avere un'origine psicologica, sono però spesso anche collegati a una ridotta capacità di utilizzo dei muscoli pelvici. Nonostante queste difficoltà con l'età scompaiano, la debolezza muscolare pelvica può continuare a persistere e creare problemi nell'età adulta.

Imparare il controllo dei muscoli pelvici è perciò vantaggioso per le bambine, che soffrano di enuresi notturna o meno. È quindi molto utile insegnare Gymintima alle giovanissime, non appena sono abbastanza grandi per eseguirla correttamente.

Le adolescenti: *UN CORPO DA CONOSCERE.* Gymintima aiuta le ragazze a conoscere il proprio corpo, a sentirlo e saperlo vivere, specie nelle parti intime, spesso negate. Gli esercizi pelvici aiutano le giovani donne anche a vivere una sessualità positiva. Le tecniche di Gymintima sono particolarmente utili per le ragazze alle prime esperienze sessuali. Le giovanissime, infatti, spesso non riescono a raggiungere l'orgasmo per la ridotta capacità di ascoltare le sensazioni vaginali. Una migliore padronanza del controllo muscolare è quindi un aiuto.

✓ Le donne mature

Per sentirsi femminili sempre

Gymintima è particolarmente utile quando gli anni aumentano. Applicando le sue tecniche regolarmente si possono controllare i disturbi legati alla menopausa, si può evitare l'incontinenza urinaria, ridurre il mal di schiena, l'osteoporosi e la secchezza vaginale.

Inoltre si migliora la percezione psichica della propria femminilità.

I disturbi causati dalla debolezza pelvica oltre ai disagi fisici causano infatti anche notevoli disagi psichici. Perché si accompagnano a situazioni imbarazzanti.

Spesso le donne colpite da questi problemi evitano di parlarne e si richiudono in se stesse. La propria autostima viene destabilizzata. Non dimentichiamo che la zona pelvica influenza profondamente la nostra sensibilità di donne. Se questa parte è indebolita anche l'esperienza femminile ne viene coinvolta.

"Sentire di pancia"

La pelvi istintuale

Nella pelvi risiede l'aspetto più corporeo del femminile: sessualità, genitalità e orgasmo fanno sentire la loro forza pulsante soprattutto in questa parte del corpo. L'*energia istintuale*, quella che agisce sotto forma di impulsi sensoriali, si muove intensamente proprio nell'area pelvica.

Restituire alla pelvi la sua forza e la sua sensibilità vuol quindi dire restituire al proprio corpo la percezione di un femminile remoto, che molte donne hanno dimenticato. È la riattivazione di un *potere legato agli istinti*, un territorio familiare per le donne.

È il "sentire di pancia".

La capacità di entrare in contatto con l'area pelvica ci rende più percettive, reattive, sensibili. Una saggezza arcaica, potente e primordiale parla nel nostro corpo. Si risvegliano l'*istinto*, la *sensorialità* e l'*impulso*. Se la pelvi è rigida e non percepita, questa forza potente però si *blocca.*

La pelvi risponde particolarmente alle influenze psichiche.

Quando il bacino si presenta come un blocco rigido, quando si vede una persona camminare come se fosse fasciata attorno ai fianchi, spesso non è solo un problema fisico. È il segno di una psiche poco capace di entrare in contatto con l'aspetto istintuale, caldo e sensoriale di se stesse. Il bacino si immobilizza per una forma di difesa, bloccato da una barriera muscolare tesa e dura, da legamenti irrigiditi dalla tensione. Niente circola, niente fluisce. Tutto è trattenuto, compresso, per bloccare l'onda delle sensazioni e delle emozioni interne.

Sono molte le donne che vivono il disagio di una pelvi irrigidita. E un po' alla volta si abituano a non sentirla. Non la sentono muoversi, contrarsi, espandersi, allentarsi. Non sentono che laggiù, all'interno, c'è un mondo di istinti che vive e non vuole essere dimenticato o soppresso. Qualcosa che è parte di noi. Della nostra *natura femminile.*

Il contatto con la propria natura istintuale e sensoriale passa quindi anche dalla conoscenza della pelvi. Quando il bacino è sensibile, riattivato e stimolato si percepisce un rapporto diverso con tutto il proprio essere. Una ginnastica pelvica non restituisce solo una muscolatura più flessibile e tonica. Ma anche una sensibilità diversa. Quella legata all'istinto, alla conoscenza corporea e all'inconscio.

Tornare in contatto con la propria muscolatura pelvica per la donna non è quindi una semplice riabilitazione di funzioni legate alla fisiologia di muscoli e legamenti. *È ritrovare un potere perduto.* Un sapere intessuto nelle fibre del corpo. È una conoscenza preziosa, perché oltre a essere benefica per la salute è intimamente legata alla percezione della propria energia femminile.

Sprigiona la tua femminilità

Un nuovo percorso per le donne. Gymintima è l'inizio

Non solo ginnastica pelvica: Gymintima, come avrai già sicuramente compreso leggendo il libro fino a questo punto, è anche un percorso per entrare in contatto con la propria femminilità. Gli esercizi infatti ti aiutano a percepire le parti intime del tuo corpo, spesso negate e dimenticate. Sono parti silenti che hanno però una grande necessità di esprimersi.

La zona pelvica è infatti il *"fulcro" della femminilità*. Purtroppo però, i suoi organi – l'utero, le ovaie, la vagina, la vulva – sono parti femminili con cui la donna ha spesso un rapporto contrastante. Le è più facile percepire e accettare il seno che percepire e accettare i genitali. E questo vale sia per le donne di una certa età che per le donne giovani.

La liberazione sessuale, pur avendo aperto la donna verso un diverso contatto intimo con il partner, non l'ha però ancora aperta a un nuovo contatto intimo con se stessa. L'area genitale, e tutta la zona pelvica, rimangono per molte ancora una zona oscura, una parte del corpo da utilizzare per il piacere sessuale o per procreare. Ma non una parte del corpo per percepire la propria femminilità.

Eppure la percezione intima e profonda del femminile parte proprio da qui: dal sentire, vivere e utilizzare l'area genitale in maniera consapevole e capace. Non saper muovere i muscoli pelvici con padronanza è come voler utilizzare le gambe senza aver mai imparato a camminare.

La pelvi è per la donna una fonte di vitalità, forza e sicurezza femminile. Ecco perché con la ginnastica intima è possibile entrare in contatto con il proprio corpo e imparare a sentirlo davvero, come qualcosa che ci appartiene e amiamo.

Praticare Gymintima non è solo "fare ginnastica" o muovere dei muscoli. Si tratta di *molto di più*. È collegare il bacino come parte del corpo femminile alla nostra vita di donne. Beneficiano quindi di questo metodo non solo le donne che soffrono di debolezza muscolare del bacino, ma anche quelle che si sentono incomplete, ferite o incapaci nel loro ruolo di donne. Il bacino e la sua percezione influiscono, inoltre, sulle sensazioni che la donna ha del proprio corpo e del suo portamento. E quindi anche della propria *autoimmagine femminile*, sia interiore che esteriore.

✓ Il risveglio del femminile

Sentirsi donne

Vivere a proprio agio nel corpo. Camminare, muoversi, respirare un senso di *libertà nuova*: quando il corpo si risveglia, si risveglia anche la femminilità.

Per molte il rapporto intimo con il proprio corpo è un'esperienza del tutto nuova. La nostra società infatti non favorisce la donna nell'assimilare una diversa relazione con il proprio corpo. Per troppo tempo è stata abituata a sentire il suo corpo inadeguato, sbagliato, limitato. Specialmente le parti intime: parti da nascondere, sporche, da non nominare se non per aspetti tecnici. Parti da dimenticare.

Gymintima, con le sue pratiche, inverte la relazione che abbiamo con la nostra sfera più intima. Ci mette di nuovo in contatto con il corpo. Soprattutto con l'area pelvica. Non è un lavoro intellettuale. È un lavoro fisico che influisce però anche sulla psiche.

Quando si agisce sul corpo accade una trasformazione speciale: è lui che inizia a parlare. Non la nostra mente, con tutti i suoi condizionamenti. È il risveglio di un'antica saggezza, del lato sommerso della femminilità, che *c'è* in ogni donna. Anche dentro di te.

È una sottile e intensa energia che emerge, un'energia nuova e ancestrale al tempo stesso. Che si esprime in noi. Ma non perché l'abbiamo pensata, immaginata. Bensì perché l'abbiamo *sentita*. La sentiamo perché ci ritroviamo a essere più fluide, più morbide nei movimenti. Il corpo diventa più aggraziato, le imperfezioni tendono a scomparire perché *immerse in un'armonia generale*.

Non è facile capire tutto questo solo ascoltando o leggendo le parole di un'altra persona. Lo so. Lo so perché l'ho vissuto anche io. Perché fino al momento in cui non ho iniziato a lavorare sul femminile, a praticare sul corpo, mi sembravano certe volte quasi parole impossibili. Ho invece constatato che non è così: scatta qualcosa in noi, qualcosa di speciale, qualcosa che ci fa *percepire la nostra femminilità* in tutta la sua piena intensità. È davvero una bella esperienza che ogni donna dovrebbe concedersi.

Questa nuova consapevolezza è quindi importante per vivere pienamente la propria dimensione di donna. Perché è attraverso la *percezione intima del corpo* che possiamo contattare la sorgente dell'essenza femminile.

✓ Gymintima e la Via Femminile

Due metodi da abbinare

Il contatto con la propria femminilità è particolarmente attivo se il metodo Gymintima viene abbinato al metodo della Via Femminile, il programma tutto dedicato alla donna.

La Via Femminile è un percorso completo. È il racconto di un'esperienza vissuta in prima persona con la donna che è stata la mia guida. Il suo nome, come ho già scritto, è Mila Raisse. Ma la Via Femminile è anche un metodo nato dopo un lungo lavoro di studio e ricerca, per entrare in contatto con la propria anima.

Molte donne che hanno seguito i miei corsi di Gymintima si sono poi avvicinate anche a questo percorso: per rendere l'esperienza più profonda e completa. Ma anche tante donne che seguono il percorso della Via Femminile hanno poi voluto conoscere la loro pelvi attraverso Gymintima, imparando gli esercizi.

Ecco perché i due metodi sono così facilmente abbinabili.

E ora che hai conosciuto i benefici di Gymintima sei pronta per sperimentare questo metodo.

Seconda sezione
Gymintima in pratica

Scopri la tua situazione: l'autodiagnosi pelvica

Ma come sarà il mio pavimento pelvico?

Ecco le risposte

Durante la lettura delle pagine precedenti probabilmente ti sarai chiesta: "Ma come sarà lo stato della mia pelvi?", "Sarà abbastanza tonica o ha bisogno di essere esercitata?".

Ecco una risposta alle tue domande.

Si chiama *autodiagnosi pelvica.*

Si tratta di una serie di piccole indagini, semplici e facili, da effettuare da sola, in tutta tranquillità: per avere le prime risposte sulla tua salute pelvica. Questa autodiagnosi ti permette, infatti, di fare una prima valutazione delle tue condizioni.

Gli elementi su cui si basa sono:

- *la risposta a un breve questionario, con specifiche domande riguardanti la tua salute pelvica;*
- *l'osservazione di determinati aspetti del tuo corpo;*
- *l'applicazione di alcune tecniche con relativa verifica;*
- *la palpazione di alcune parti del tuo corpo.*

L'autodiagnosi pelvica è utile per svariati motivi:

- agli inizi, per definire le tue condizioni di partenza.
- Man mano che pratichi, per valutare i progressi. I muscoli pelvici infatti sono muscoli "intimi" che non si vedono. Prima di tutto si "sentono". Il test di autodiagnosi aiuta ad avere precocemente la valutazione di una condizione che nel tempo potrebbe peggiorare, senza rendersene conto. Ti permette quindi di fare un primo bilancio da sola.
- Ti aiuta inoltre a localizzare i muscoli pelvici. Se sai con sicurezza dove si trovano puoi eseguire i movimenti in modo corretto.

Quindi, anche se sei una donna sportiva e ben allenata, non tralasciare questi test. Succede spesso infatti che donne con una buona tonicità fisica generale non presentino la stessa tonicità nell'area pelvica.

✓ Il questionario

Rispondi alle domande

Le seguenti domande ti aiutano a fare una prima valutazione dello stato dei tuoi muscoli pelvici:

- percepisci un senso di peso alla zona pelvica?
- La tua pancia tende a sporgere in avanti, nonostante la ginnastica addominale?
- Hai avvertito o avverti un senso di "mollezza" nella zona vaginale?

- Ti capita spesso di provare poche sensazioni durante il rapporto sessuale? O di non percepire il pene durante la penetrazione?
- Il tuo partner ti ha mai detto che durante il rapporto sente la vagina "allargata"?
- Quando urini il flusso è debole, oppure devi creare una pressione addominale per svuotare completamente la vescica?
- Ti succede di emettere inavvertitamente urina, per esempio quando ridi, tossisci, fai uno sforzo addominale o un salto?
- Da bambina hai sofferto di enuresi notturna?

Se hai risposto sì anche solo a una o due di queste domande, i tuoi muscoli pelvici necessitano di una tonificazione.

✓ L'osservazione

Guardati allo specchio

Preparati ora all'osservazione di te stessa secondo le modalità qui riportate.

Poniti di fronte a uno specchio con indosso solo la biancheria intima, oppure nulla. Mantieni una postura naturale, senza sforzarti di "tirare in dentro" la pancia o di stare diritta.

Guarda la tua figura allo specchio, prima frontalmente e poi di fianco.

Rispondi ora alle seguenti domande:

- la mia postura è eretta oppure mi incurvo?
- L'addome sporge in avanti?
- La zona lombare è inarcata eccessivamente?

Se hai risposto sì anche a una sola di queste domande, i tuoi muscoli pelvici non sono in condizioni ideali.

✓ I test di robustezza pelvica

Verificare la tonicità

Con i test di robustezza pelvica puoi verificare la tonicità dei muscoli pelvici. Alcuni test – non tutti – sono anche dei veri e propri esercizi.

I test che ti propongo sono:

- *l'urina stop*
- *le contrazioni di indagine*
- *l'esame digitale.*

✓ L'urina stop

Un semplice test di verifica

L'urina stop è un test di verifica che si effettua durante la minzione. È molto semplice.

- Mentre urini blocca il flusso per qualche secondo. Lascialo poi scorrere di nuovo. E poi bloccalo ancora.
- Mantieni le gambe ben aperte, per essere sicura di porre in azione i muscoli giusti.
- Dopo qualche interruzione, vuota la vescica.

Sono proprio i muscoli pelvici a contrarsi quando si blocca il flusso di urina. Questo test ha quindi lo scopo di verificare la tonicità del pavimento pelvico. Se è faticoso bloccare e riprendere il flusso significa che è debole. Il test aiuta inoltre a prendere consapevolezza dei muscoli pelvici. Spesso non se ne ha coscienza. Con l'urina stop si inizia a "sentirli".

Importante: *NON È UN ESERCIZIO.* Sottolineo che "l'urina stop" *non* è un esercizio vero e proprio, da praticare per lungo tempo. È solo un test.

Certe volte questa tecnica viene consigliata come modalità per esercitare il pavimento pelvico. Ma è un *grande errore.* È controindicato ripetere questa pratica frequentemente: può infatti causare un'azione negativa sul riflesso di svuotamento della vescica. Non va nemmeno ripetuta per tutto il tempo in cui si urina, perché la vescica potrebbe non vuotarsi completamente, con il rischio di infezioni.

✓ Le contrazioni di indagine

Un approccio iniziale

Più avanti imparerai tutte le tecniche per contrarre il pavimento pelvico correttamente. Ora invece esegui solo alcune contrazioni generalizzate. Con "l'urina stop" hai più o meno compreso quali sono i muscoli da muovere.

Prova ora a contrarli facendo attenzione a ciò che accade.

La posizione migliore per questo test iniziale è distesa, con le gambe flesse e leggermente allargate.

Contrazione continua: *CONTA PER QUANTO TEMPO.* Durante questa prima contrazione dovresti sentire l'ano e la vagina che si "chiudono".

- Tutta la zona perineale è come se risalisse all'interno.
- Avverti la contrazione?
- È faticoso mantenerla?
- Respiri normalmente?
- Riesci a contrarre solo i muscoli pelvici? Oppure senti coinvolti anche gli addominali, i muscoli dei glutei e delle cosce?

Prendi confidenza con queste prime sensazioni e con le eventuali difficoltà.

Contrazione continua: *CONTA PER QUANTO TEMPO.* Ora, sempre nella stessa posizione, rilassa completamente i muscoli per qualche attimo. Poi contraili fortemente, mantenendo la contrazione.

- Per quanto tempo la contrazione rimane stabile? Dovresti mantenerla forte almeno per 30 secondi.
- Fai fatica a mantenerla a lungo?
- Senti altri muscoli contrarsi? Per esempio quelli dell'addome o dei glutei?

All'inizio, specie se c'è debolezza pelvica, diverse donne notano che la contrazione è tutt'altro che forte. Il muscolo si tende blandamente e si rilascia poco dopo. Ma praticando gli esercizi si migliora in fretta.

Contrazione alternata: *CONTA QUANTE VOLTE.* Ora, sempre nella stessa posizione, prova la contrazione ritmica. Contrai fortemente il pavimento pelvico e rilassalo appena senti che l'intensità della tensione diminuisce. Se riesci a eseguire almeno 50 contrazioni ritmiche veloci senza fatica, i muscoli sono in buone condizioni. Eseguendo gli esercizi specifici di Gymintima la forza muscolare aumenta progressivamente e riuscirai ad arrivare a 100 e più contrazioni senza affaticarti.

Valutazione: *TRANQUILLA, MIGLIORERAI IN BREVE.* Se le tue contrazioni sono state sufficientemente buone, bene! Con l'esercizio raggiungerai risultati ottimi.

Se ti era difficile, non preoccuparti. Praticando ti accorgerai che i muscoli pelvici rispondono agli stimoli con rapidità. Le donne si stupiscono di quante contrazioni riescano a effettuare dopo poche settimane di pratica.

✓ L'esame digitale

Autodiagnosi con la palpazione

Con l'esame digitale puoi percepire l'intensità di contrazione dei tuoi muscoli pelvici. Consiste nel toccare determinati punti mentre alternativamente contrai e rilassi i muscoli, per percepirne la forza.

L'esame digitale può essere eseguito in due modi diversi:

- *dall'esterno,* toccando con un dito la zona perineale, compresa tra l'apertura vaginale e l'ano;
- *dall'interno*, inserendo un dito in vagina, in modo da sentire il contatto con le pareti vaginali e i muscoli circostanti che le avvolgono.

L'esame digitale esterno: *PERCEPIRE LO STRATO SUPERFICIALE.* Con l'esame digitale esterno si percepisce soprattutto lo strato muscolare superficiale, cioè il primo. Siamo abituati a utilizzarlo e controllarlo nel trattenere o espellere l'urina e le feci.

Questo strato si trova subito sotto la cute che, in questa parte del corpo, è piuttosto sottile. Essendo esterno, può essere percepito con più facilità rispetto agli strati più profondi.

L'esame digitale interno: *PERCEPIRE GLI STRATI PROFONDI.* Con l'esame digitale interno puoi invece percepire i muscoli degli strati più profondi del pavimento pelvico, cioè il secondo e il terzo strato. La percezione può risultare un po' più difficoltosa: senza un adeguato allenamento infatti non è facile contrarre gli strati muscolari più profondi e sentirli stringersi attorno al proprio dito.

✓ L'esame digitale esterno

L'esame perineale

L'esame digitale esterno è molto semplice. Può essere effettuato da tutte perché non richiede accorgimenti specifici né una particolare esperienza nel controllo di questa parte del corpo.

La tecnica si effettua senza indossare gli slip, per avere un contatto diretto con la cute perineale. Si assume la posizione seduta, con le gambe divaricate e la schiena rilassata, per esempio appoggiandosi a dei cuscini.

ESECUZIONE.

- Tocca con il dito medio il punto che corrisponde al *centro tendineo del perineo*, cioè l'incrocio delle fibre muscolari a forma di "8" che il muscolo bulbospongioso crea intorno alla vagina e all'ano.
- Per trovare l'esatta posizione sposta il dito in avanti verso l'apertura vaginale e indietro verso l'ano. Tra questi due punti di riferimento puoi individuare il centro tendineo del perineo. È una zona molto piccola: è sufficiente infatti la punta del dito per toccarla quasi interamente.

Se vuoi individuare meglio questo punto consulta la figura a p. 26.

- Esercita ora su questo punto una lieve pressione con il dito e mantienila costante. Quindi contrai il pavimento pelvico. Con il dito percepirai il movimento dei suoi muscoli sotto la pelle. L'effetto è simile a uno spostamento verso l'alto di tutta la parte.
- Al termine della tecnica rilassa completamente il pavimento pelvico.

RESPIRAZIONE.

Prima di cominciare la tecnica porta l'attenzione al perineo e poi fai qualche respiro profondo per rilassare e sensibilizzare la zona. Durante la tecnica invece:

- inspira quando contrai il pavimento pelvico
- espira quando lo rilassi.

Il respiro può aiutarti a percepire meglio la contrazione.

Difficoltà.
Se hai difficoltà nel percepire la contrazione aumenta un po' la pressione del dito oppure immagina di dover trattenere lo stimolo a urinare.

Ripetizioni.
La tecnica va ripetuta solo alcune volte. È una tecnica di indagine non una tecnica di allenamento: quando hai ricevuto una valutazione della tua forza muscolare puoi interromperla.

Se la percezione dei muscoli è lieve, il pavimento pelvico è debole. Inizia l'allenamento e ripeti questa tecnica periodicamente.

Ti accorgerai che in breve diventeranno tonici e forti.

✓ L'esame digitale interno

L'esame vaginale

L'esame digitale interno si effettua inserendo una o due dita in vagina. Il suo scopo è quello di percepire meglio i muscoli del pavimento pelvico, specialmente quelli degli strati profondi, e la loro capacità di contrazione.

Questa autodiagnosi richiede una certa confidenza con il proprio corpo.

Se non ti senti pronta a farla ora, potrai eventualmente eseguirla più avanti. Non praticarla se sei vergine.

Le tecniche di Gymintima hanno la caratteristica di favorire una maggiore confidenza con i propri organi genitali, spesso percepiti come estranei. Sebbene oggi la liberazione sessuale abbia reso le donne più disponibili all'uso del proprio corpo, raramente la maggior disinvoltura in tema di sesso è accompagnata dalla conoscenza del funzionamento degli organi intimi. Sono in diverse a rifiutare per esempio il diaframma come mezzo contraccettivo, per la manipolazione dei genitali che comporta.

La posizione.
Puoi effettuare l'esame digitale in un qualsiasi momento tranquillo della giornata. La posizione più indicata da assumere è quella *seduta* sul bordo di una sedia.

La percezione.
- Introduci con cautela il dito indice o medio in vagina aiutandoti, se necessario, con un lubrificante, per esempio dell'olio vegetale. Penetra col dito più in fondo possibile.
- Tocca quindi le pareti vaginali muovendo il dito in diverse direzioni. I tessuti devono risultare come uno spesso strato soffice, cedevole ed elastico.
- Dirigi ora il dito sul fondo della vagina, per toccare il collo dell'utero, che sentirai liscio e rotondo.

La verifica della forza pelvica.
Ora verifica la forza pelvica. Per farlo contrai i muscoli pelvici, cercando di stringere il dito in vagina con più forza possibile. La contrazione avviene in prevalenza con i muscoli perivaginali, che avvolgono la vagina.

Se la stretta intorno al dito è abbastanza salda, la muscolatura pelvica è in buone condizioni. In caso contrario, se è debole o assente, è necessario tonificare e migliorare l'efficienza di questi muscoli.

Una muscolatura pelvica ben tonica è capace di "stringere" il dito in vagina con una forza piuttosto intensa, simile a quella di una mano che si chiude e stringe con delicatezza.

Specifica.
- Se la percezione dei muscoli pelvici risulta difficile, perché sono atonici, è consigliabile inserire in vagina due dita anziché uno.
- Man mano che si eseguono le tecniche di ginnastica intima e si diventa più esperte, si

può effettuare periodicamente l'esame digitale durante gli esercizi, per verificare i miglioramenti. Saranno molto evidenti.

- Riguardo alla posizione, è interessante sottolineare che la posizione *seduta* è la più indicata per questo test, perché fornisce un quadro più reale della situazione. Il canale vaginale infatti ha un decorso obliquo. Non è orizzontale. I muscoli che circondano la vagina, quindi, esercitano una forza, più o meno intensa, a seconda della posizione in cui si trova il corpo. Con il corpo in posizione seduta è *più facile* sentire la forza contrattile dei muscoli che la circondano. Durante la visita ginecologica invece la palpazione della vagina avviene da distese. In questa posizione si riesce a contrarre i muscoli con meno intensità.

I risultati della valutazione della forza muscolare possono perciò essere diversi se l'esame digitale è eseguito in posizione *distesa, seduta* o *eretta.* È importante quindi ricordare che se in futuro vuoi controllare l'aumento della forza, questi confronti devono avvenire sempre con il corpo nella *stessa posizione.*

Consigli pratici: sapere come fare

Cosa sapere prima di iniziare

Note importanti

Prima di iniziare le tecniche di Gymintima è importante conoscere alcune informazioni pratiche, per ottenere il massimo beneficio da questo metodo.

Leggi quindi con attenzione le pagine successive. Rileggile dopo un certo tempo di pratica, per avere le risposte alle domande che man mano si formeranno.

✓ Per chi è consigliata Gymintima?

Ormai lo sai: per tutte

Ora che sei arrivata fino a questo punto della lettura del libro avrai compreso che Gymintima è consigliata a tutte. La ginnastica pelvica dovrebbe essere praticata regolarmente, fin dalla più giovane età.

Il metodo è anche particolarmente indicato nei periodi cruciali della vita riproduttiva femminile, come la gravidanza e la menopausa. Ed è indicato particolarmente per svariati disturbi dell'area pelvica.

Gymintima è quindi adatta a donne di qualsiasi età, indipendentemente dalla condizione fisica di partenza.

✓ Quando iniziare Gymintima?

Prima possibile

Alla domanda sul momento ideale per iniziare Gymintima la risposta è: «Da subito». Ciò è particolarmente valido se si soffre di disturbi legati a un indebolimento pelvico. In questo caso prima si inizia meglio è. Il "passerà" oppure "lo farò più avanti" possono solo causare peggioramenti.

Non dimenticarlo: il pavimento pelvico *non* si tonifica mai da solo. Aspettare che questi disturbi passino o che si risolvano col tempo, non fa altro che aggravarli. Anche attendere la scadenza chirurgica non è certo una soluzione.

✓ Come iniziare Gymintima?

Da sole o frequentando un corso

Si può iniziare Gymintima *da sole*, seguendo le indicazioni di questo libro che riportano con spiegazioni chiare e complete gli esercizi da fare.

Il metodo può essere iniziato però anche in modo diverso, seguendo un *corso* o un *video-corso*. Se ti è possibile, abbina il libro al corso.

Perché?

Perché durante un corso o video-corso di Gymintima vieni guidata visivamente e quindi apprendi gli esercizi più velocemente e li memorizzi meglio. Il libro sarà però sempre il tuo promemoria indispensabile.

I corsi di Gymintima possono quindi essere di due tipi:

- ***video-corsi***, dove apprendi gli esercizi di ginnastica intima riportati nel libro e altri esercizi che non possono essere spiegati "sulla carta" ma solo mostrati visivamente. Sono inoltre consigliate le musiche più adatte per le diverse tecniche.
  Nella sezione in fondo, o sul mio sito, trovi tutte le informazioni.
- ***Corsi live***, generalmente organizzati nel fine settimana. In questi corsi apprendi la ginnastica intima direttamente con me, abbinata ad altre tecniche, tratte dal mio metodo La Via Femminile. Se partecipi a un "corso live" avrai anche l'occasione di praticare con altre donne. L'atmosfera è piacevole e divertente. L'intimità che si crea nei circoli femminili è sempre molto apprezzata. I gruppi di Gymintima sono eterogenei, formati da donne di ogni età. Fin dall'inizio si crea un grande affiatamento tra le partecipanti. Il confronto e la condivisione attraverso il lavoro sul corpo e sulla femminilità creano un rapporto di complicità, una intimità possibile solo tra donne.

Nella sezione in fondo, o sul mio sito, trovi tutte le informazioni.

Gymintima può essere ovviamente appresa bene anche solamente attraverso questo libro. Il mio obiettivo è stato quello di preparare un testo chiaro e completo. Propongo però anche l'*abbinamento del libro a un corso* perché ritengo che apprendere il metodo anche con "dimostrazioni video" o "dal vivo" sia estremamente utile.

✓ Gymintima è difficile?

No, non lo è

Alla domanda se Gymintima sia difficile la risposta è: «No, Gymintima non è assolutamente difficile». La pratica, oltre a essere facile, è anche piacevole. Gli esercizi non richiedono uno sforzo fisico eccessivo. Le donne, dopo aver sperimentato la ginnastica intima, dicono di sentirsi molto più energiche e nello stesso tempo più rilassate.

Praticare Gymintima da sole è una pratica intima e gradevole. Praticarla insieme ad altre donne, nei corsi di Gymintima o nei corsi della Via Femminile, è divertente e coinvolgente.

✓ Quanto tempo ci vuole?

Non molto, perché ci sono gli esercizi invisibili

Un'altra domanda frequente che le donne si pongono nell'intraprendere il metodo è: "Quanto tempo ci vuole per praticare Gymintima?".

La risposta è: *non molto.*

Uno dei vantaggi di Gymintima è che diversi esercizi possono essere eseguiti in qualunque momento, senza che nessuno se ne accorga. Molti addirittura non necessitano di un tempo o di uno spazio appositi ma possono venir eseguiti mentre si svolgono alcune normali attività quotidiane: per esempio quando si è sedute in poltrona a guardare la televisione, oppure ferme in macchina ai semafori, o ancora in attesa allo sportello di un ufficio o alla cassa del supermercato.

Alcuni esercizi per la muscolatura intima sono infatti *invisibili.* Puoi praticarli dove e quando vuoi e nessuno se ne accorgerà: sei la sola a saperlo.

✓ Quando vedo i risultati?
Molto presto

Con Gymintima si manifestano immediatamente e in modo sorprendente alcuni effetti benefici.

Un *effetto immediato*, per esempio, è la stimolazione renale. Le donne si meravigliano durante i corsi: «Sento che mi sto sgonfiando» è un commento frequente. Con gli esercizi pelvici aumenta infatti la produzione di urina, con grande vantaggio sull'efficienza del sistema idrico del corpo, l'eliminazione di scorie e la riduzione di gonfiori.

Altri benefici invece si rivelano col tempo.

Molti risultati si vedono già nel giro di *poche settimane*: ogni donna potrà notarli, al di là dell'età e della propria struttura fisica. I muscoli pelvici reagiscono infatti in breve alla stimolazione. Migliorano, inoltre, la loro tonicità e la loro forza. Migliora anche la sensibilità della zona pelvica: si acquisisce una nuova consapevolezza di questa importante parte del corpo, mai provata prima.

Altri effetti invece si riveleranno *più gradualmente* nei mesi: i disturbi che beneficiano della ginnastica intima si attenueranno o scompariranno progressivamente.

Note per la pratica
Tanti consigli utili

✓ Le basi: l'anatomia pelvica
Un'informazione molto utile

Una base importante per la pratica di Gymintima è la *conoscenza dell'anatomia pelvica*, proposta nella prima parte di questo libro. È infatti molto utile essere informate sulla struttura pelvica, sui suoi muscoli e sulla sua conformazione. Se le tecniche vengono abbinate a una corretta visualizzazione e percezione di questa parte del corpo diventano più facili ed efficaci.

Una conoscenza anatomica di base è anche molto importante per evitare danni ai muscoli, alla struttura ossea e agli organi. Spesso un programma di movimento mal dosato o scorretto può causare disturbi al nostro corpo. Lombalgie, sciatalgie o altri disagi alla schiena possono verificarsi con qualsiasi ginnastica, se non viene eseguita con l'attenzione e la consapevolezza necessaria. Nel tentativo di migliorare le nostre condizioni possiamo anche peggiorarle. Questi aspetti sono ancora più importanti se sei un terapeuta e vuoi insegnare la ginnastica intima o introdurla nella tua professione.

Per questo motivo il programma di Gymintima è proposto con la massima attenzione ai particolari.

Se applichi Gymintima attraverso il libro consulta quindi con attenzione la sezione che descrive l'anatomia pelvica, che trovi nella prima parte del testo. Se invece segui un corso di Gymintima, le informazioni sull'anatomia accompagneranno le spiegazioni pratiche.

✓ Il luogo
Ogni posto va bene

Gymintima può essere praticata con facilità un po' dappertutto e non richiede del materiale particolare. Ecco quindi solo alcune informazioni generali.

Ripeto ancora: alcuni esercizi di Gymintima possono essere praticati ovunque e in qualsiasi luogo: sono gli esercizi "invisibili".

Altri esercizi richiedono invece uno spazio che consenta dei movimenti, in piedi o distese.

Per le più riservate il luogo ideale è una stanza tutta per sé, dove isolarsi e praticare in tutta tranquillità. Se nella stanza è presente uno specchio, ciò può facilitare l'esecuzione di alcune tecniche, per controllare la correttezza della postura. Non è comunque indispensabile.

✓ Il materiale occorrente

Cosa mi serve

Gli esercizi di Gymintima non richiedono un particolare materiale. Ecco solo alcune indicazioni di base.

Il tappetino. Per la pratica è utile un tappetino, del tipo da palestra, per rendere più dolce l'appoggio. Evita invece di eseguire le tecniche sul letto, anche quelle nella posizione distesa, perché è troppo morbido per dare al corpo il sostegno necessario. Sono esclusi da questa indicazione gli esercizi "invisibili", che puoi praticare dove vuoi.

L'abbigliamento. L'abbigliamento più adatto per le pratiche di Gymintima è:

- *comodo*, per potersi muovere liberamente, senza creare ostacoli alla circolazione o al respiro. Evita quindi elastici o cinture che stringono il giro vita, le caviglie, i polsi. Utilizza inoltre abiti non troppo aderenti alle gambe, per non ostacolare il flusso circolatorio.
- In *tessuto naturale*, generalmente cotone, per favorire la traspirazione cutanea.
- *Leggero*, per evitare un riscaldamento eccessivo del corpo. Gli esercizi pelvici possono comportare un notevole aumento della temperatura: questa zona è infatti spesso carica di energia bloccata.
- *Senza scarpe*. Gli esercizi di Gymintima si eseguono scalzi, solo con le calze: la percezione dell'appoggio plantare e la libertà di movimento dei piedi sono importanti.

La musica. Nei corsi di Gymintima gli esercizi vengono spesso praticati con la musica. Oppure vengono consigliati i brani più adatti.

La musica aiuta a dare un ritmo regolare e una corretta scansione ai movimenti: gli esercizi così sembrano più facili. Rende inoltre gradevoli le tecniche più intense: riduce lo sforzo e permette di dedicarsi alla pratica per un tempo più lungo, quasi senza accorgersene.

Accompagnato dal suono, il movimento diventa inoltre più *armonioso* e *fluido*.

Se pratichi Gymintima da sola è però importante inserire brani musicali nel tuo programma di esercizi solo dopo avere ben compreso la tecnica. In caso contrario i movimenti a ritmo di musica potrebbero diventare dispersivi nella loro azione, coinvolgendo parti del corpo non previste.

Nei corsi di Gymintima vengono date indicazioni sulla musica più adatta per i vari esercizi, anche in base alle diverse esigenze personali.

✓ La frequenza

Quando?

Per ottenere dei risultati con Gymintima non è necessario molto tempo. È necessaria invece un po' di costanza. Non occorre impegnarsi a lungo o sforzarsi troppo. Occorre invece essere regolari nel proprio impegno. Affinché la muscolatura si potenzi è importante stimolarla periodicamente.

È controproducente invece trascorrere dei lunghi periodi senza esercitarla.

Gli esercizi di Gymintima, come già accennato, sono di due tipi:

- gli esercizi che *si possono fare ovunque*, anche mentre si fa altro;
- gli esercizi che *richiedono un tempo apposito.*

La frequenza ideale è:

- *giornaliera* (*o a giorni alterni)* per gli esercizi che si possono fare ovunque. È sufficiente *ricordarsi* di farli perché non occorre dedicare un tempo apposito. Pensare alla muscolatura pelvica durante determinate attività quotidiane – saremo noi a decidere quali – è anche stimolante. Ci porta in contatto con una parte molto femminile del nostro corpo. E ci regala tante sensazioni.
- *Bisettimanale* per gli esercizi che richiedono un tempo apposito. Si consiglia di trovare uno spazio della giornata per praticare Gymintima con regolarità.

Nota importante. È necessario però fare una precisazione. Le frequenze qui riportate sono valide quando hai appreso bene gli esercizi e quando la muscolatura pelvica ha ricevuto una tonificazione iniziale. Diversamente, se non esegui ancora gli esercizi correttamente o se la muscolatura pelvica è priva di tono, la frequenza sarà diversa. Questo significa che:

- gli *esercizi che si possono fare ovunque* andranno inizialmente praticati con tempi appositi. Lo scopo è apprenderli bene per evitare di muovere muscoli diversi da quelli pelvici – ad esempio quelli addominali o delle cosce – un errore molto frequente.
- Gli *esercizi che richiedono tempi e spazi appositi* è invece sufficiente praticarli da subito, due volte a settimana. Solo nel caso in cui la muscolatura pelvica è particolarmente atonica, la pratica dovrà essere un po' più frequente.

È al contrario necessario aumentare la frequenza se sussistono problemi che si vogliono risolvere, per esempio di incontinenza urinaria. Quando si scelgono gli esercizi per agire su problematiche serie e specifiche, è consigliabile farli ogni giorno, per circa 20 minuti.

È importante ricordare che la frequenza iniziale può essere variata in base alle proprie esigenze personali. È fondamentale però seguire una sequenzialità progressiva, settimana dopo settimana. Quindi anziché "strafare" agli inizi e poi ridurre nel tempo, è preferibile cominciare con gradualità, aumentando poco per volta. La muscolatura pelvica è generalmente poco utilizzata: si affatica facilmente. Per ottenere i migliori risultati è quindi preferibile stimolare i muscoli dolcemente, anziché aggredirli.

✓ Il momento migliore

Va bene quasi sempre

Gli esercizi di Gymintima si possono praticare in qualsiasi momento della giornata. Non importa quando, basta sentirsi disponibili a dedicare un piccolo spazio a se stesse.

Per gli esercizi "invisibili" ogni occasione è buona. In una giornata scoprirai che puoi trovare diversi piccoli momenti in cui praticare facendo altro: in auto, seduta alla scrivania, a letto, sul divano, quando cucini... Quando sei allenata, diversi esercizi puoi farli anche camminando normalmente. Percorri il tuo tragitto e intanto esegui gli esercizi.

Per le tecniche che richiedono uno spazio apposito invece è preferibile scegliere nella settimana giorni ben definiti, programmandoti così una routine personalizzata e un'abitudine positiva. Ciò richiederà uno sforzo di volontà minore.

Momenti della giornata in cui evitare gli esercizi sono:

- *subito dopo i pasti*: aspetta almeno una o due ore dopo il pasto, per evitare una congestione o dei crampi all'addome;
- *la sera tardi*, poco prima di coricarti: gli esercizi sono energizzanti e potrebbero creare qualche problema nell'addormentarsi.

✓ La durata

Ma per quanto devo andare avanti?

Quanto deve durare Gymintima? La risposta è: *sempre*. Almeno per quanto riguarda gli esercizi "invisibili".

Come ogni muscolo del corpo va esercitato costantemente, così anche i muscoli pelvici richiedono un esercizio regolare.

Sottolineo che Gymintima, con tutta la sua varietà di esercizi, non è una ginnastica che si limita al bacino solamente. Per garantire un risultato coinvolge anche diverse altre parti del corpo. È quindi un programma per la donna che vuole sviluppare e valorizzare la sua femminilità e mantenersi sana. Un programma da seguire regolarmente.

Dal punto di vista esclusivamente muscolare specifico invece che per raggiungere una tonicità del pavimento pelvico basta praticare gli esercizi per alcune settimane, finché non si notano i primi risultati. Generalmente dopo due o al massimo tre mesi gli strati muscolari sono rinforzati.

Se le tue condizioni di partenza non sono delle migliori, non scoraggiarti: oltre all'impegno e alla costanza è necessaria un po' di pazienza. Ovviamente più si è fuori forma, più tempo occorrerà per avere risultati soddisfacenti. Con Gymintima i tempi non sono però mai troppo lunghi.

Specifiche per la pratica

Particolari da non sottovalutare

Qui di seguito sono riportate alcune specifiche per la pratica, utili da seguire per ottenere i massimi benefici. Le specifiche valgono ovviamente nel caso in cui si esegua una sessione completa di Gymintima, *non* quando si eseguono le tecniche "invisibili", durante le normali attività quotidiane.

✓ Il calore pelvico

Fai attenzione! È un particolare fondamentale

Le tecniche di Gymintima hanno lo scopo di stimolare la circolazione sanguigna nell'addome e soprattutto nell'area del bacino. Stimolando il flusso sanguigno in questa zona viene apportato calore alla pelvi.

Il "calore pelvico" è un punto interessante delle azioni di Gymintima. È una condizione organica di base che favorisce e potenzia l'effetto terapeutico degli esercizi.

Dopo la pratica è importante che questo calore sia *mantenuto il più possibile.* Rappresenta infatti un flusso sanguigno stimolato e rinnovato: apporta nuove sostanze nutritive ed elimina congestioni e scorie, rivitalizzando l'intera area pelvica.

Per questo motivo, dopo gli esercizi è necessario mantenere caldi il bacino, l'addome e la zona lombare, vestendosi a sufficienza o avvolgendo uno scialle attorno alle pelvi. Ciò permette al rinnovato afflusso sanguigno di permanere maggiormente in questa zona, senza disperdersi, mantenendo più a lungo la sua preziosa funzione.

Docce e bagni. Dopo una sessione di Gymintima non è quindi consigliabile fare subito la doccia o il bagno. Scopo degli esercizi è quello di convogliare sangue nella zona addominale e del bacino: la doccia e il bagno inibiscono il calore pelvico perché direzionano il sangue anche verso altre parti del corpo.

Attività fisica intensa. Il giorno stesso in cui pratichi una sessione di Gymintima è preferibile evitare altri tipi di attività fisica intensa, ad esempio jogging, nuoto o palestra. Tutto ciò per evitare dispersione di sangue e calore dalla zona centrale del corpo verso la periferia.

Massaggi. È preferibile anche non ricevere massaggi dopo una sessione di Gymintima, sempre per lo stesso motivo. Si inibisce il calore pelvico, convogliando energia anche verso altre parti del corpo.

✓ Indicazioni alimentari

Come mangiare prima e dopo le pratiche

Come già indicato, prima di una sessione completa di Gymintima, è importante non avere mangiato. È permesso uno spuntino ma non un pasto completo. La sessione, quando possibile, dovrà essere seguita da un pasto leggero e non troppo abbondante, per non appesantire gli organi digestivi. Una digestione laboriosa richiama grandi quantità di sangue all'addome, sottraendolo alle altre parti del corpo, in questo caso alla zona pelvica.

Prima di una sessione di Gymintima, se possibile, è utile bere una tisana calda o tiepida, per idratare l'organismo.

Dopo una sessione di Gymintima è invece importante bere, per drenare le scorie rimosse. Scegli acqua naturale a temperatura ambiente o ancora meglio tisane tiepide. Evita invece bevande fredde o troppo calde, per non alterare il calore addominale e pelvico. Evita anche bevande nervine come il caffè, il tè nero e gli alcolici.

Anche per quanto riguarda i cibi è importante evitare alimenti troppo freddi o troppo caldi, per non interferire sul calore pelvico.

✓ Avvertenze e precauzioni

Situazioni a cui fare attenzione

Durante le mestruazioni. Gli esercizi di Gymintima possono essere praticati anche durante le mestruazioni. Però con alcuni accorgimenti.

Sottolineo innanzitutto che queste pratiche sono addirittura consigliate per i dolori mestruali: aiutano a rilassare la pelvi e decongestionano gli organi genitali, riducendo così la sintomatologia dolorosa.

Gli accorgimenti da seguire sono questi:

- *evita un programma troppo intensivo*, specialmente se il flusso è molto abbondante, e mantieniti al di sotto delle tue capacità; il livello ovviamente varia da donna a donna;
- *ascolta il tuo corpo*, senti se ti chiede di esercitarti e per quanto tempo;
- *rilassati un poco dopo la seduta.*

Naturalmente ogni donna valuterà la propria condizione e deciderà se praticare o meno gli esercizi. Nei corsi di Gymintima fornisco indicazioni personalizzate.

In caso di bruciori vaginali. Se soffri di bruciori vaginali inizialmente è bene praticare la ginnastica intima con gradualità, senza eccedere con gli esercizi "invisibili". La costanza però ti premierà perché una migliore ossigenazione della zona ha un effetto benefico per questo disturbo. Se i bruciori vaginali si presentano invece praticando gli esercizi, spesso a causa di una infiammazione latente, riduci per un breve periodo la frequenza e l'intensità.

In gravidanza e dopo il parto. Pratica gli esercizi di Gymintima non appena si instaura la gravidanza, per affrontare al meglio la nascita del bambino. Subito dopo il parto pratica Gymintima, per ripristinare una funzionalità pelvica ottimale.

Se hai subìto un'episiotomia (cioè il taglio del perineo) durante il parto, non praticare subito Gymintima ma attendi che la ferita sia guarita. Appena possibile inizia a fare gli esercizi, però con delicatezza perché il pavimento pelvico è indebolito. Con la pratica ti accorgerai che ritornerà forte.

In caso di infertilità. Se cerchi di rimanere incinta, la ginnastica intima è utile in qualsiasi momento, eccetto dopo la fase ovulatoria: se infatti l'ovulo è stato fecondato, potrebbe provocare l'espulsione. Gli esercizi andranno quindi sospesi da questo momento fino alla mestruazione.

In caso di malessere. In caso di malessere è bene non praticare Gymintima, come ogni altra attività motoria.

Se sei indisposta, con febbre o altri sintomi importanti, è preferibile riposare a letto fino a ristabilirti. Se invece si tratta di malesseri dovuti a uno stato d'animo negativo, per cui ti senti indolente o pigra, in questo caso gli esercizi possono essere di grande aiuto nel farti sentire meglio.

In caso di interventi chirurgici. Gli esercizi di Gymintima non vanno praticati *subito dopo* un intervento chirurgico alla zona pelvica. Sono invece molto utili prima dell'intervento e al termine della fase post-operatoria.

Ricorda! Prima della pratica è importante svuotare la vescica.

✓ E in menopausa?

Puoi fare tutti gli esercizi

Durante i corsi spesso le donne me lo chiedono: «Sono in menopausa, quali esercizi posso fare per migliorare i sintomi?». Puoi farli tutti. Ogni esercizio agirà su diverse parti del corpo, aiutandoti a ridurre i disagi e migliorando il benessere generale.

E ora pratichiamo gli esercizi di Gymintima

Solo esercizi efficaci

Un metodo nato da una lunga esperienza

Quando ho elaborato il metodo Gymintima, ho studiato lungamente le tecniche pelviche e mi sono ritrovata in una vastità di esercizi. Sperimentandoli su di me e nei miei corsi ho però constatato una cosa importante.

Alcuni esercizi erano *molto più efficaci* di altri.

Più precisamente ho notato che certe tecniche offrivano risultati velocemente. Altre invece erano blande e poco efficaci. Ho osservato anche che alcune erano benefiche e sicure. E altre invece sforzavano il corpo ed erano piene di controindicazioni. E ancora che certe erano piacevoli e armoniose da fare e invece molte altre sgradevoli e meccaniche.

Cosa ho fatto allora? Ho *selezionato le migliori*. E poi le ho rielaborate e perfezionate. Molte sono particolarmente efficaci perché provengono dalla tradizione di Mila Raisse, la donna che mi ha guidato nella Via Femminile. Altre le ho ideate io, dopo una lunga esperienza a riguardo, sia personale che con le donne ai miei corsi.

Ecco perché posso affermare che gli esercizi di Gymintima sono di provata efficacia. Perché sono stati scelti dopo una *lunga pratica* e una *vasta esperienza* – mia e con tante altre donne – abbinata a un continuo lavoro di verifica, tipico della mia formazione di ricercatrice.

Una varietà di tecniche. Le tecniche di Gymintima non si limitano però solo a quelle riportate in questo libro. Ce ne sono tante altre che insegno ai corsi live e nei video-corsi.

Inoltre ai corsi insegno tutti i passaggi armonici per sbloccare la pelvi e far fluire l'energia femminile. Nel libro non ho potuto inserire queste tecniche perché si possono imparare solo con una dimostrazione visiva. Comunque quelle che riporto in questo testo, se applicate con le modalità indicate, sono sufficienti per ottenere tutti i risultati che desideri.

✓ I livelli di Gymintima

Primo, secondo e terzo livello

Il programma di Gymintima ha tre livelli di difficoltà e intensità, a seconda delle diverse esigenze.

I livelli degli esercizi di Gymintima sono:

- livello 1: *facile*
- livello 2: *media difficoltà*
- livello 3: *avanzato.*

I tre livelli riguardano:

- *i diversi esercizi*: tutti gli esercizi di Gymintima riportano all'inizio il livello di difficoltà;

- *il singolo esercizio*: ogni esercizio potrà essere praticato a tre diversi livelli di intensità.

Passare ai livelli successivi. È importante fare questa precisazione: per ottenere buoni risultati non è necessario arrivare al terzo livello. Già il primo livello garantisce un miglioramento. Il proseguimento verso livelli più avanzati dipende dagli obiettivi che vuoi prefiggerti. È invece molto importante, a qualsiasi livello ti trovi, continuare l'allenamento, per conservare il grado di tonificazione e robustezza raggiunto.

La scelta dei livelli. Per valutare il livello più adatto per te considera che:

- per la donna che vuole ritrovare una buona forma, sono sufficienti gli esercizi del livello 1;
- per la donna che ha già una discreta efficienza pelvica, ma vuole migliorarla come prevenzione, per esempio per una prossima gravidanza o in preparazione alla menopausa, il livello 2 comprende gli esercizi più indicati;
- per la donna che vuole ulteriormente migliorare e potenziare i muscoli pelvici, il programma propone gli esercizi del livello 3.

Avvertenze. Nel programma di Gymintima i livelli devono essere percorsi in sequenza: per tutte, anche per le donne con una muscolatura pelvica tonica, il livello di partenza è *sempre il primo*. Quindi, per passare ai livelli successivi, dovrai essere in grado di eseguire gli esercizi dei livelli precedenti con facilità: rappresentano la base per le tecniche dei livelli più avanzati.

Sottolineo inoltre che può accadere di essere in grado di passare a un livello superiore in alcuni esercizi, ma non in altri. Dipende dai propri personali punti di forza e debolezza: alcuni esercizi possono risultarti più facili e altri più difficili.

Nella sequenzialità dei livelli, la differenza tra una donna allenata e una meno allenata risiede quindi nel tempo di mantenimento di un livello prima di passare al successivo: la donna con un pavimento pelvico più tonico passerà al livello successivo in un tempo *più breve* rispetto alla donna con un pavimento pelvico più debole.

✓ Le classificazioni

Per capire meglio

Per apprendere gli esercizi con facilità leggi ora le classificazioni che seguono. Riguardano:

- i *gruppi di esercizi*, cioè il modo in cui gli esercizi di Gymintima sono suddivisi;
- le *schede di Gymintima*, cioè le voci tipo utilizzate nella spiegazione degli esercizi.

Li trovi nelle tabelle che seguono.

I gruppi di esercizi di Gymintima

Per ogni esercizio una classificazione

Gli esercizi di Gymintima sono divisi in gruppi ben distinti. Più precisamente sono:

- gli esercizi di *contrazione* pelvica: gli Invìsibil;
- gli esercizi di *movimento* pelvico: i Mòvipel;
- gli esercizi di *postura* pelvica;
- gli esercizi di *distensione* e *rilassamento* pelvico.

Ecco in breve la descrizione dei gruppi di esercizi di Gymintima.

- **Gli esercizi di *contrazione pelvica***: gli *Invìsibil*. Questi esercizi agiscono esclusivamente sulla muscolatura del pavimento pelvico. Sono la base di Gymintima. Sono definiti esercizi "invisibili" perché si possono fare in qualsiasi momento.
- **Gli esercizi di *movimento pelvico***: i *Mòvipel*. Questi esercizi agiscono sull'intera area pelvica: sulla muscolatura del pavimento pelvico, sulle ossa, sui legamenti, sugli organi. Coinvolgono anche altre parti del corpo. È necessario farli in momenti appositi. Durante la loro esecuzione si praticano gli *Invìsibil*, in abbinamento.
- **Gli esercizi di *postura pelvica***. Più che esercizi sono piccoli accorgimenti da seguire nella vita quotidiana, per evitare di sforzare il pavimento pelvico.
- **Gli esercizi di *distensione* e *rilassamento pelvico***. Questi esercizi aiutano a distendere l'area pelvica e a rilassarla.

Le schede di Gymintima

Le voci tipo

Gymintima è proposta con comode schede, facili da comprendere e da consultare. Le ho strutturate con delle voci base che si ripetono. Sono qui elencate, con una breve spiegazione.

- *I disegni*

  Illustrano le fasi principali dell'esercizio. Sono numerati, per facilitare il riferimento con la spiegazione scritta. Si trovano all'inizio della scheda.

- *Le icone*

  Questo simbolo indica la contrazione pelvica. Lo trovi nel testo e sull'immagine relativa, quando viene specificato di effettuarla.

  Questo simbolo indica il rilassamento pelvico. Lo trovi nel testo e sull'immagine relativa.

  Questo simbolo indica il movimento da effettuare: rotazione, circonduzione, torsione... Lo trovi sui disegni.

- *Il livello*

  Questa voce indica il livello di intensità a cui appartiene l'esercizio. Ci sono tre gruppi, come già precedentemente spiegato in dettaglio:
  - *Gli esercizi di livello 1: sono i gruppi di esercizi a intensità lieve.*
  - *Gli esercizi di livello 2: sono i gruppi di esercizi a intensità media.*

- *Gli esercizi di livello 3: sono i gruppi di esercizi a intensità forte.*

- DESCRIZIONE
  Questa voce illustra brevemente l'esercizio, in riassunto.

- SCOPO E BENEFICI
  Qui vengono descritti gli effetti più rilevanti di ogni esercizio: quelli generali sulla pelvi; quelli specifici sui gruppi muscolari o articolari; oppure quelli riguardanti determinate patologie.
  È importante però sottolineare che *qualsiasi esercizio* apporta i diversi benefici descritti in questo libro.

- PARTENZA
  Questa voce indica come iniziare l'esercizio. Una corretta postura di partenza è fondamentale per la buona riuscita.

- CONTATTO
  Prima di partire con il movimento è molto utile percepire i punti del corpo che verranno coinvolti. Gli esercizi di Gymintima, lo sottolineo ancora, non sono infatti una semplice ginnastica. La percezione è un elemento fondamentale del metodo. E rende l'esercizio molto più gratificante e piacevole.

- ESECUZIONE
  Questa voce descrive le fasi dell'esercizio, abbinando:
  - *la contrazione pelvica,* che puoi scegliere tra quelle proposte,
  - *il rilassamento pelvico,* tanto importante quanto la contrazione.

- VISUALIZZAZIONE
  Questa voce serve ad abbinare immagini di fantasia alla percezione muscolare. "Visualizzare" aiuta a eseguire meglio l'esercizio.

- RESPIRAZIONE
  Indica la migliore respirazione da abbinare all'esercizio. Se la respirazione cambia durante le varie fasi è specificata anche nella voce "Esecuzione".

- RIPETIZIONI E DURATA
  Questa voce indica:
  - *il numero di ripetizioni,* se l'esercizio è dinamico: per esempio 5-10 oscillazioni,
  - *la durata,* se l'esercizio è statico: per esempio da 5 a 10 respiri nella posizione.

Sono indicati anche i *livelli di intensità* con cui praticare il singolo esercizio:

- *Intensità di livello 1: l'esercizio viene praticato a intensità lieve.*
- *Intensità di livello 2: l'esercizio viene praticato a intensità media.*
- *Intensità di livello 3: l'esercizio viene praticato a intensità forte.*

- ACCORGIMENTI E DIFFICOLTÀ
  Questa voce indica gli errori più comuni e le piccole strategie che puoi effettuare per agevolare l'esecuzione. Indica anche le difficoltà che puoi incontrare, soprattutto all'inizio. Saperlo è un buon modo per non scoraggiarsi. Perché con la pratica la maggior parte delle difficoltà viene superata.

- VARIANTE
  L'esercizio può avere delle varianti di esecuzione.

Gli esercizi di contrazione pelvica: gli *Invìsibil*

Esercizi invisibili da fare ovunque

Gli esercizi di contrazione pelvica sono gli "esercizi invisibili" perché, come già spiegato più volte, si possono praticare ovunque. Nel metodo Gymintima sono definiti *INVÌSIBIL*.

Imparare bene gli *Invìsibil* è fondamentale perché costituiscono il nucleo di Gymintima.

In quali situazioni eseguire gli esercizi: *CI SONO TANTE POSSIBILITÀ.* Questi esercizi possono essere praticati:

- *in qualsiasi posizione o andatura*: in piedi, a terra, seduta, camminando, accovacciata...
- *durante gli esercizi di movimento pelvico (i* Mòvipel)*:* descritti nella sezione successiva a questa, i *Mòvipel* vanno sempre abbinati agli *Invìsibil.* Prima di iniziare questo abbinamento devi però aver imparato separatamente gli esercizi "invisibili".

I diversi gradi di difficoltà: *FACILE, INTERMEDIA, AVANZATA.* I diversi livelli di difficoltà nell'esecuzione degli esercizi dipendono dalla posizione in cui li pratichi:

- *modalità facile*: distese a terra, con la schiena sul pavimento, le gambe flesse e leggermente divaricate. La posizione è descritta dettagliatamente più sotto. Agli inizi, per impararli correttamente, utilizza proprio questa posizione.
- *Modalità intermedia*: in piedi, o da seduta, o mentre fai movimenti semplici e lenti.
- *Modalità avanzata*: mentre cammini, o ti muovi velocemente, o esegui esercizi complessi; anche tutte le volte che assumi una posizione a gambe molto divaricate (è necessaria una forza maggiore per contrarre il pavimento pelvico).

È importante ricordare che i muscoli pelvici lavorano in maniera differente in base alla postura: l'azione della forza di gravità e le diverse angolature differenziano la stimolazione.

Contrarre e rilassare: *SONO PREVISTE DUE FASI.* Gli esercizi di contrazione pelvica in realtà non si compongono solo di una contrazione della muscolatura pelvica ma anche di un suo rilassamento.

Più precisamente:

- *contrarre* vuol dire stringere, risucchiare i muscoli verso l'utero, verso l'ano o spingerli contro la zona sacrale.
- *Rilassare* vuol dire sciogliere, allentare, distendere la parte contratta. Non vuol dire invece spingere, premere, schiacciare verso il basso. Ma solo "lasciare andare".

Il numero di contrazioni consigliato: *ALL'INIZIO ESEGUILE TUTTE.* Per ottenere i benefici previsti, nei primi tempi è essenziale eseguire ogni giorno almeno 200 contrazioni del pavimento pelvico. Sembrano tante, ma non richiedono molto tempo. Sono inoltre necessarie solo agli inizi.

Ricorda che quando un muscolo viene allenato diventa più grosso, spesso e robusto. Più forte è la muscolatura del pavimento pelvico, più intense saranno le tue contrazioni. La frequenza con cui dovrai eseguirle sarà allora minore.

La posizione distesa: *RICORDA LA RETROVERSIONE DEL BACINO.* Una posizione particolarmente indicata, soprattutto agli inizi, per gli esercizi "invisibili" di Gymintima, è quella distesa a terra supine, con le gambe piegate. Così è più facile percepire l'area pelvica e localizzare l'azione sui muscoli interni, rispetto alla posizione in piedi o seduta. Successivamente si potranno eseguire gli esercizi in tutte le altre posture, senza alcuna difficoltà.

La posizione distesa è per di più utile anche come posizione di partenza. Permette infatti di allentare le tensioni alla schiena ed entrare in uno stato di calma e distensione.

Un particolare importante degli esercizi di Gymintima è la *retroversione del bacino*: la pelvi deve essere leggermente ruotata in avanti, con il pube spinto verso l'alto, per effetto di una leggerissima contrazione dei muscoli glutei e addominali.

La retroversione del bacino è una condizione ideale per molti esercizi di ginnastica intima, sia in posizione distesa che in piedi: quando la pelvi è in retroversione è più facile avvertire la contrazione dei suoi muscoli.

LA RETROVERSIONE DEL BACINO

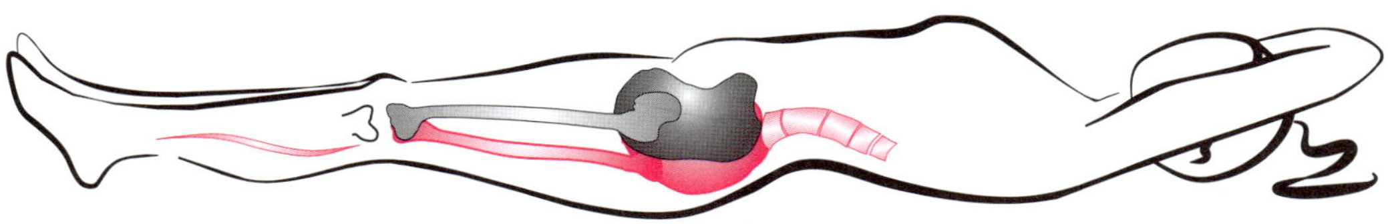

Normoversione del bacino

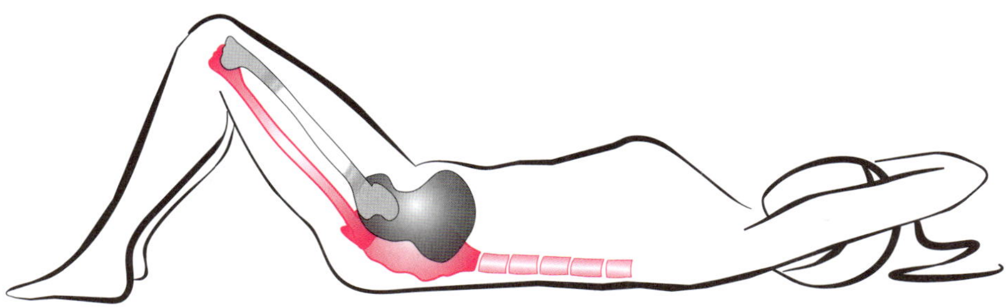

Retroversione del bacino

LA PERLA

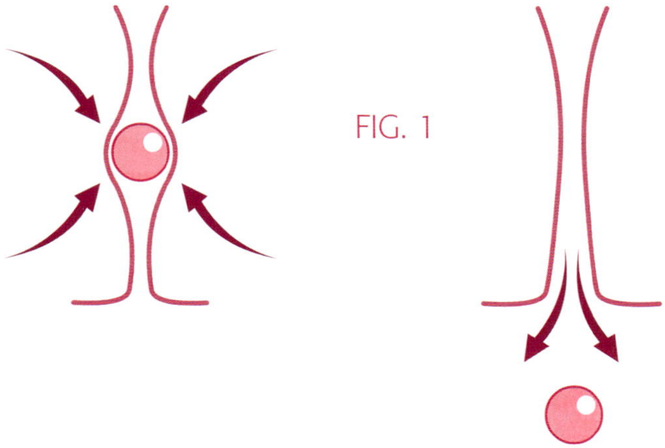

FIG. 1

Descrizione

La perla è uno degli esercizi "invisibili" più facili, perché non richiede una percezione delle diverse parti della muscolatura pelvica. È quindi il più indicato per iniziare la pratica della ginnastica intima.
Con l'esercizio della perla si contrae il pavimento pelvico immaginando di trattenere in vagina una perla. La contrazione è localizzata ai muscoli:

- anteriori: sono stimolati i muscoli perivaginali e il muscolo pubo-coccigeo,
- posteriori: sono stimolati l'ano, lo sfintere anale, il muscolo pubo-coccigeo e l'elevatore dell'ano.

Scopo e benefici

- Stimola e tonifica tutta l'area pelvica, rafforzandola.
- Favorisce la lubrificazione vaginale e il trofismo delle mucose.
- Migliora la percezione sessuale.
- È indicato in caso di debolezza della vescica e incontinenza urinaria o di altro tipo.
- Favorisce la regressione di disturbi ginecologici quali vaginiti, candida, infiammazioni di diverso genere.
- È benefico in caso di prolasso dell'utero, della vescica e per l'abbassamento degli organi (ptosi).
- È indicato per i disturbi delle emorroidi.
- Sensibilizza tutta l'area vulvare.
- Riduce i dolori mestruali.
- Combatte le vampate della menopausa.

Esecuzione

- Contrai tutti i muscoli pelvici contemporaneamente, con una certa gradualità. Avverti che la vagina si chiude completamente.

Visualizzazione

- Visualizza una piccola perla all'interno del canale vaginale. Quando i muscoli pelvici si contraggono la perla viene trattenuta, quando si rilassano la perla scivola verso l'esterno (FIG. 1).

Respirazione

Respira liberamente durante tutte le fasi dell'esercizio, senza trattenere.

Ripetizioni e durata

- livello 1: fai 5-10 contrazioni
- livello 2: fai 10-30 contrazioni
- livello 3: fai 30-60 (o più) contrazioni.

Mantieni ogni contrazione per circa 1 secondo.

Difficoltà e accorgimenti

- Questo esercizio può essere effettuato senza difficoltà anche mentre ci si muove o si cammina.
  Infatti anche una leggera contrazione pelvica – immaginando di non far cadere la perla – è utile per mantenere tonico e stimolato il pavimento pelvico.

Variante 1: contrazione veloce

Descrizione. La contrazione è molto veloce e ritmata.
Non c'è pausa in contrazione e le ripetizioni sono maggiori.
Ripetizioni e durata
- livello 1: fai 20-30 contrazioni veloci
- livello 2: fai 30-60 contrazioni veloci
- livello 3: fai 60-100 (o più) contrazioni veloci.

Variante 2: contrazione con trattenimento

Descrizione. Si esegue la contrazione e la si mantiene brevemente.
Respirazione. Il respiro è libero in tutte le fasi dell'esercizio. Durante il trattenimento della contrazione è però più profondo e ampio.
Ripetizioni e durata
- livello 1: fai 5-10 contrazioni, mantenendole per 2-3 secondi l'una
- livello 2: fai 10-30 contrazioni, mantenendole per 5-8 secondi l'una
- livello 3: fai 30-50 contrazioni, mantenendole per 10 secondi l'una.

Difficoltà: livello 2

LA CERNIERA

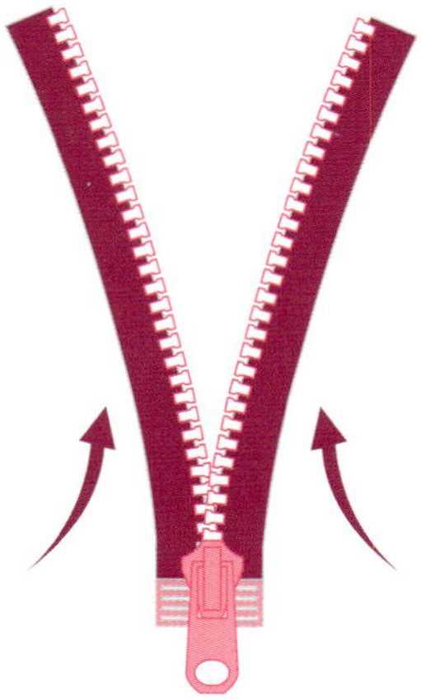

FIG. 1

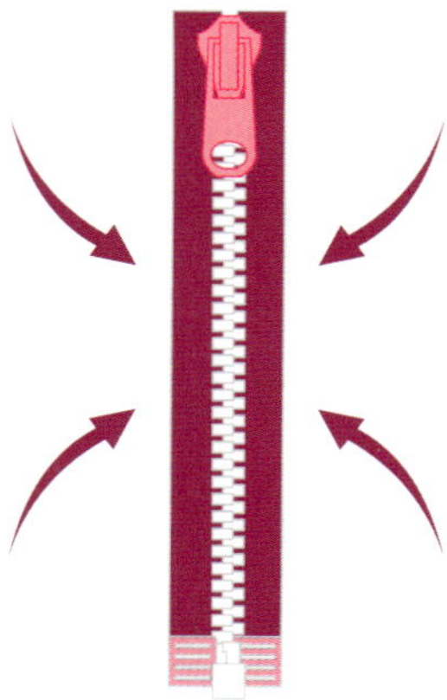

FIG. 2

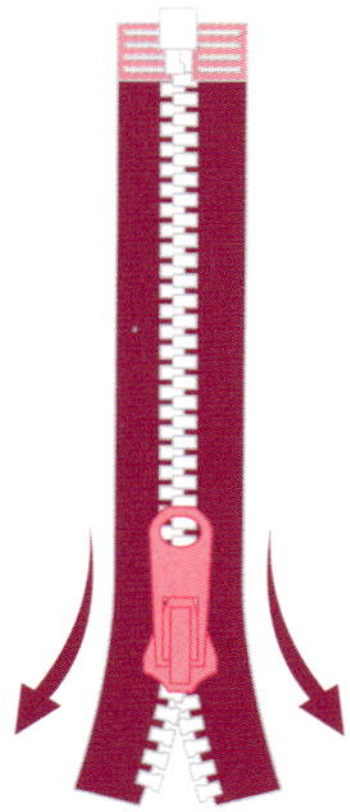

FIG. 3

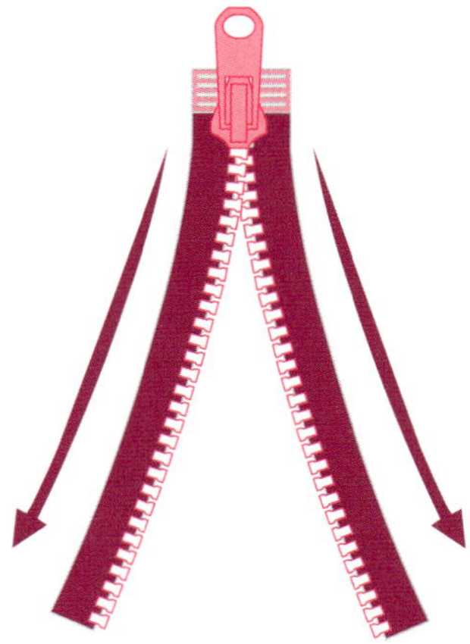

FIG. 4

Descrizione

L'esercizio della cerniera è una contrazione e decontrazione lenta e progressiva che parte dall'inizio della vagina fino al suo tratto terminale. Questa contrazione stimola i vari strati muscolari pelvici e coinvolge soprattutto la muscolatura della parte anteriore, in corrispondenza del canale vaginale, in particolare il muscolo pubo-coccigeo.

Scopo e benefici

- Aumenta il tono dei muscoli pelvici nei tre strati: superficiale, intermedio e profondo.
- Aiuta la percezione dell'area vaginale e dei muscoli che la circondano.
- Favorisce la lubrificazione vulvare e vaginale e il trofismo dei tessuti interni.
- Migliora la capacità di contenimento della vescica.
- È utile in caso di prolasso dell'utero.
- È indicato per i problemi di emorroidi.
- Aumenta la sensibilità di tutta l'area genitale.
- Riduce i dolori mestruali.
- Combatte le vampate della menopausa.
- Favorisce la regressione di disturbi ginecologici quali vaginiti, candida, infiammazioni di diverso genere.

Esecuzione

- Contrai i muscoli più esterni, quelli subito dopo il vestibolo, cioè l'apertura della vagina. Senti che le grandi e le piccole labbra si avvicinano tra loro.
  Mantieni la contrazione.
  Poi dirigila gradualmente verso l'alto, fino all'ultimo tratto del canale vaginale, dove si trova il collegamento con la cervice uterina.
- Ora rilassa, procedendo nello stesso modo. Decontrai i muscoli dal vestibolo vaginale fino alla cervice.

Visualizzazione

- Immagina una cerniera lampo, di quelle che scorrono sia dall'alto verso il basso che dal basso verso l'alto.
- Mentre contrai i muscoli immagina di chiudere la cerniera lampo (FIGG. 1 e 2) partendo dal basso. Quando la contrazione ha raggiunto la parte terminale della vagina la cerniera è chiusa.
- Mentre rilassi i muscoli immagina di aprire la cerniera lampo, sempre partendo dal basso. Quando la decontrazione ha raggiunto la parte terminale della vagina, la cerniera lampo è aperta (FIGG. 1 e 2).

Respirazione

Respira liberamente durante tutto l'esercizio, senza trattenere.

Ripetizioni e durata

- livello 1: fai 5-10 contrazioni
- livello 2: fai 10-50 contrazioni
- livello 3: fai 50-100 (o più) contrazioni.

La durata di una contrazione lenta completa va da 6 a 8 secondi. Lo stesso, in fase di decontrazione.

Accorgimenti e difficoltà

- All'inizio è normale una certa difficoltà nell'eseguire la contrazione: sia nel mantenerla che nel successivo rilassamento. Si può avvertire poca forza muscolare e, al momento di rilassare, i muscoli potrebbero allentarsi di colpo. Queste difficoltà iniziali spariscono con la pratica regolare. Presto si impara a esercitare un buon controllo sulla propria forza muscolare: sia nella fase di tensione che nella fase di distensione.
- Le prime volte, per dare maggiore forza alla contrazione, può essere utile spingere leggermente il pube verso l'alto, facendo aderire bene la schiena a terra.
- Fai attenzione a non coinvolgere nell'esercizio i muscoli addominali, i glutei o le cosce. Mantieni il più possibile l'attenzione sulla contrazione del pavimento pelvico.

- L'intensità dell'esercizio è data dalla forza di contrazione interna, come se i muscoli venissero attirati verso la profondità della pelvi. In questo esercizio le contrazioni non sono spinte ritmiche, ma movimenti progressivi e delicati.
- Anche se fai più ripetizioni, è importante mantenere sempre la gradualità del movimento, senza aumentare la velocità.

Variante: mantenimento in contrazione

Descrizione. Alla contrazione e decontrazione lenta dei muscoli pelvici si aggiunge una fase di mantenimento in contrazione.

Esecuzione. Al termine della fase di contrazione, mantienila per il tempo indicato, in base al tuo livello.
Poi rilassa.

Visualizzazione. Per tutto il tempo della contrazione, visualizza la cerniera che resta chiusa.

Respirazione. Respira liberamente anche mentre mantieni la contrazione.

Ripetizioni e durata
- livello 1: mantieni la contrazione per 2-3 secondi
- livello 2: mantieni la contrazione per 5-8 secondi
- livello 3: mantieni la contrazione per 15-30 secondi (o più).

Accorgimenti e difficoltà. Soprattutto all'inizio i muscoli tendono a rilasciare subito la contrazione e sfuggono al controllo della volontà. Dopo un breve periodo di pratica ti accorgi però che riesci a rispettare i tempi di mantenimento senza sforzo. E puoi passare al livello successivo.

I BOTTONI

Difficoltà: livello 2

FIG. 1

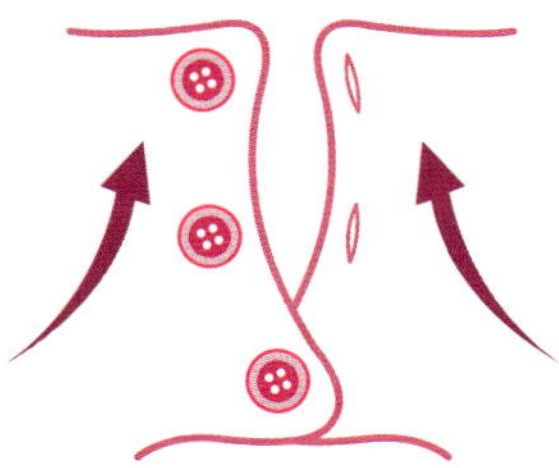

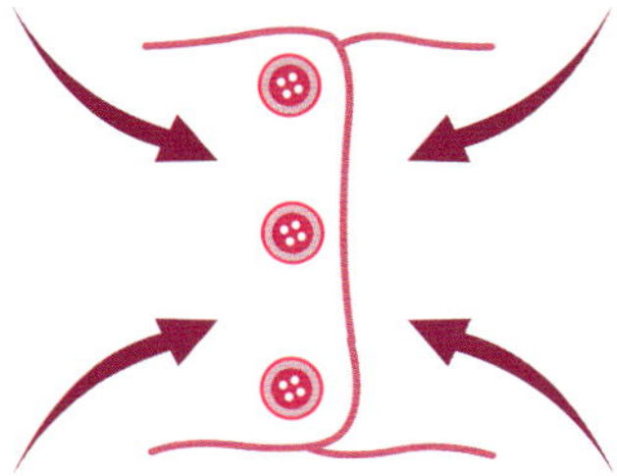

FIG. 2

FIG. 3

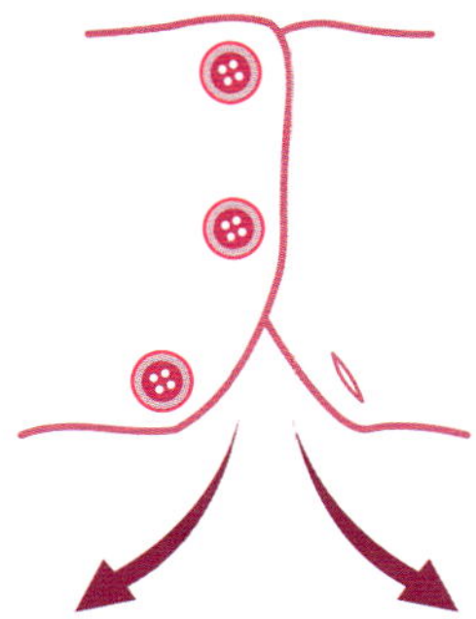

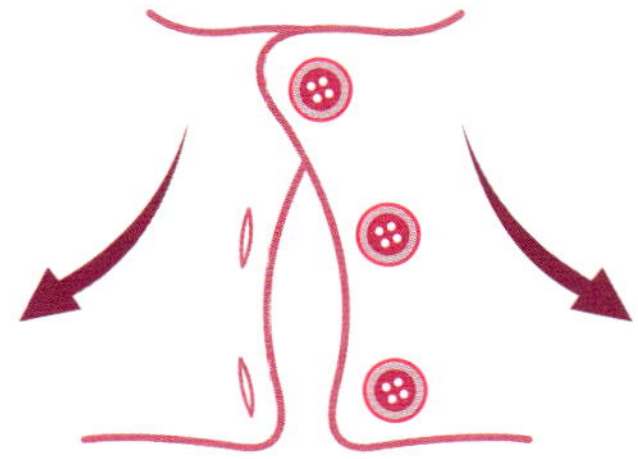

FIG. 4

Descrizione

L'esercizio dei bottoni è una contrazione e decontrazione lenta e progressiva dei vari strati muscolari pelvici, a piccole tappe.

Scopo e benefici

- Stimola e tonifica tutta l'area pelvica, rafforzandola.
- È indicato in caso di debolezza della vescica e incontinenza urinaria o di altro tipo.
- È utile in caso di prolasso dell'utero, della vescica e per l'abbassamento degli organi (ptosi).
- È indicato per i disturbi delle emorroidi.
- Favorisce la lubrificazione vaginale e il trofismo delle mucose.
- Sensibilizza tutta l'area vulvare.
- Migliora la percezione sessuale.
- Favorisce la regressione di disturbi ginecologici quali vaginiti, candida, infiammazioni di diverso genere.

Esecuzione

- Contrai i muscoli esterni, quelli subito dopo il vestibolo, l'apertura della vagina. Senti che le grandi e le piccole labbra si avvicinano tra loro. Mantieni la contrazione (FIG. 1).
  Ora dirigila verso l'alto, a tappe. Fermati a circa metà del canale vaginale, poi in fondo, dove si trova il collegamento con la cervice uterina. In tutto sono ***tre*** tappe (FIG. 2).
- Quindi rilassa, procedendo allo stesso modo. Decontrai i muscoli, dal vestibolo vaginale fino alla cervice. Fermati, come prima, a ognuna delle tre tappe (FIGG. 3 e 4).

Visualizzazione

- Immagina una fila di bottoni, con le rispettive asole. Mentre contrai i muscoli allacci:
  - il primo bottone, all'inizio del canale vaginale, in corrispondenza del vestibolo (FIG. 1);
  - il secondo bottone, al centro del canale vaginale;
  - il terzo bottone, alla fine del canale vaginale, in corrispondenza della cervice.
- Al termine della contrazione visualizza il canale vaginale chiuso da tutti e 3 i bottoni (FIG. 2).
- Quando rilassi i muscoli immagina di slacciare i bottoni, sempre partendo dal basso. Slaccia il primo bottone, quello all'inizio della vagina, poi il secondo quello al centro e infine il terzo, quello nella parte più interna (FIGG. 3 e 4).

Respirazione

Respira liberamente durante tutto l'esercizio, senza trattenere.

Ripetizioni e durata

- livello 1: fai 5-10 contrazioni
- livello 2: fai 10-20 contrazioni
- livello 3: fai 20-50 (o più) contrazioni.

Accorgimenti e difficoltà

- Per avvertire meglio la risalita a tappe, dopo ogni sosta prova ad aumentare un po' la forza di contrazione.

Variante: mantenimento in contrazione

Descrizione. Alla contrazione lenta e progressiva dei muscoli pelvici si aggiunge una fase di mantenimento in contrazione, a ogni tappa.

Esecuzione. A ogni "bottone", mantieni la contrazione per il tempo indicato, in base al tuo livello. Poi prosegui verso la tappa successiva.

Respirazione. Respira liberamente anche mentre mantieni la contrazione.

Ripetizioni e durata

- livello 1: fai 5-10 contrazioni, mantenendole per 2-3 secondi per ogni tappa
- livello 2: fai 10-20 contrazioni, mantendole per 3-5 secondi per ogni tappa
- livello 3: fai 20-50 contrazioni, mantenendole per 5- 8 secondi per ogni tappa.

IL PENDOLO

Difficoltà: livello 3

FIG. 1

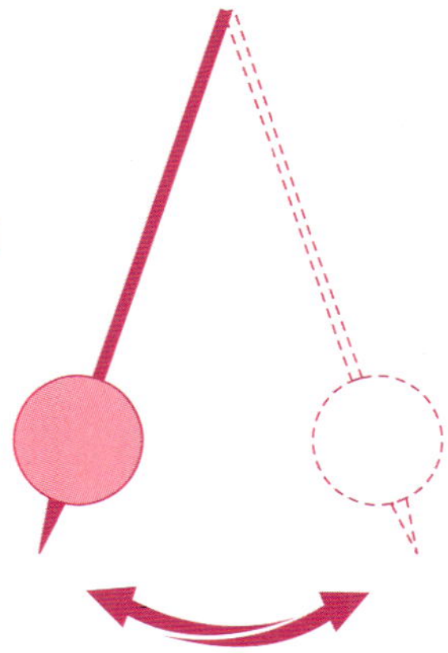

Descrizione

L'esercizio del pendolo è una contrazione e decontrazione della muscolatura pelvica anteriore (intorno alla vagina) e posteriore (intorno all'ano), in alternanza.
Questo esercizio, diversamente dagli altri, raramente si abbina ai *Mòvipel* perché richiede molta attenzione ed è quindi consigliato praticarlo da solo, meglio se nella posizione in piedi, quella che garantisce in questo caso la migliore percezione.

Scopo e benefici

- Rafforza e tonifica tutta la muscolatura pelvica.
- Favorisce la percezione dei singoli muscoli pelvici.
- Migliora la sensibilità vulvare e vaginale e ne favorisce la lubrificazione.
- Migliora la continenza vescicale.
- È utile in caso di prolasso dell'utero, della vescica e per l'abbassamento degli organi (ptosi).
- È indicato per i disturbi delle emorroidi.
- Favorisce la regressione di disturbi ginecologici quali vaginiti, candida, infiammazioni di diverso genere.

Esecuzione

- Contrai i muscoli pelvici anteriori, iniziando da quelli subito sotto al pube fino agli strati più profondi. Poi rilassali.
- Contrai ora i muscoli pelvici posteriori, quelli della zona perianale, fino agli strati più profondi. Poi rilassali.
- Ritorna quindi a contrarre i muscoli anteriori e prosegui in questa alternanza.

Visualizzazione

- Immagina un pendolo che oscilla, da una parte quando contrai i muscoli anteriori e dall'altra quando contrai i muscoli posteriori (FIG. 1).

Respirazione

- Respira liberamente, durante tutto l'esercizio, senza trattenere.

Ripetizioni e durata

- livello 1: fai 5-10 contrazioni
- livello 2: fai 10-15 contrazioni
- livello 3: fai 15-30 (o più) contrazioni.

Accorgimenti e difficoltà

- All'inizio potrai sentire contrarsi solo una zona, quella anteriore o quella posteriore. E l'altra per niente. Oppure tutte e due insieme, senza riuscire ad alternarle. Questa difficoltà scompare con la pratica.
- Fai attenzione, mentre contrai i muscoli anteriori, a non coinvolgere anche i muscoli posteriori: se mentre contrai l'area perivaginale ti accorgi che anche l'area perianale si contrae, cerca di rilassarla. E viceversa. Anche quando contrai i muscoli posteriori mantieni quelli anteriori rilassati.
- La contrazione va eseguita molto lentamente. Per potenziare l'azione dell'esercizio è molto più importante "sentire" il percorso della contrazione più che l'inizio e la fine.

Gli esercizi di movimento pelvico: i *Mòvipel*

Esercizi per la pelvi, ma anche per tutto il corpo

Gli esercizi di movimento pelvico sono definiti, per brevità, *MÒVIPEL*.
È importante ricordare che durante i *Mòvipel* devono essere effettuate le contrazioni *Invísibil*.

Quale contrazione fare? Sono indicate nelle schede di ogni esercizio. Però con l'esperienza puoi variare il tipo di contrazione, scegliendo quelle che preferisci, specialmente se l'esercizio prevede posture immobili.

Importante: *devi saper fare gli esercizi invisibili.* Come già specificato, prima di abbinare i *Mòvipel* agli Invísibil devi aver imparato bene questi ultimi – almeno i primi due: "La Perla" e "La Cerniera" – come indicato nelle pagine precedenti.

"Fai una contrazione pelvica", "Fai un rilassamento pelvico": *due indicazioni che accompagnano i Mòvipel.* Negli esercizi che troverai descritti tra poco leggerai spesso le scritte: "Fai una contrazione pelvica" o "Fai un rilassamento pelvico". Sono il fulcro della ginnastica intima.

Ti specifico che:

- *"Fai una contrazione pelvica"*: quando compare questa scritta negli esercizi *Mòvipel* significa che devi eseguire un *Invísibil.* Ricorda di cominciare con gradualità: se sei agli inizi, fai "La Perla" e "La Cerniera"; se sei più esperta "I Bottoni"; se sei davvero capace "Il Pendolo". Evita di passare agli esercizi *Invísibil* più difficili se non sai fare bene, e per un tempo prolungato, esegui quelli più semplici. È inutile fare male un esercizio superiore. Si ottengono effetti migliori praticandone bene uno più semplice.
- *"Fai un rilassamento pelvico"*: per quanto riguarda il rilassamento pelvico, troverai spesso indicato di farne uno breve o uno completo. Quello *breve* si esegue tra una contrazione e l'altra ed è veloce e di passaggio. Quello *completo* si esegue a fine sequenza ed è più prolungato e consapevole. In questo caso è utile portare l'attenzione alla zona pelvica e percepirla rilassata.

Le sequenze: *in piedi, seduta, distesa.* Per quanto riguarda la sequenzialità sottolineo che ogni esercizio *Mòvipel* è di per sé completo, con una fase di preparazione, di esecuzione e di conclusione.

Abbinando più esercizi insieme, ti suggerisco però di utilizzare questo ordine:

- *esercizi in piedi,*
- *esercizi seduta o accovacciata,*
- *esercizi distesa.*

Poi termina con il rilassamento pelvico.

Tempi e durata: *non occorre strafare.* Ho già dato varie informazioni a riguardo nelle pagine precedenti, nella sezione "Consigli pratici". Qui riassumo solo i dati più importanti. Non è necessario praticare gli esercizi per un tempo o una frequenza eccessivi. È invece fondamentale praticare i *Mòvipel* con regolarità: almeno due volte a settimana, per una durata di 15-20 minuti. Per situazioni particolari o per i diversi disturbi, rimando alla sezione sopracitata.

Difficoltà: livello 1

IL DONDOLO IN PIEDI

FIG. 1

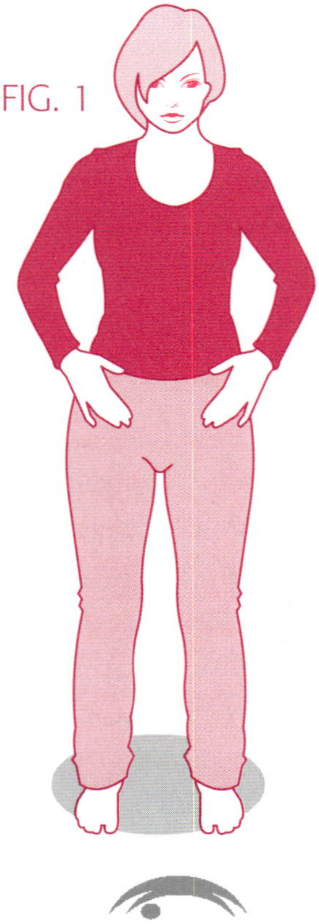

FIG. 2

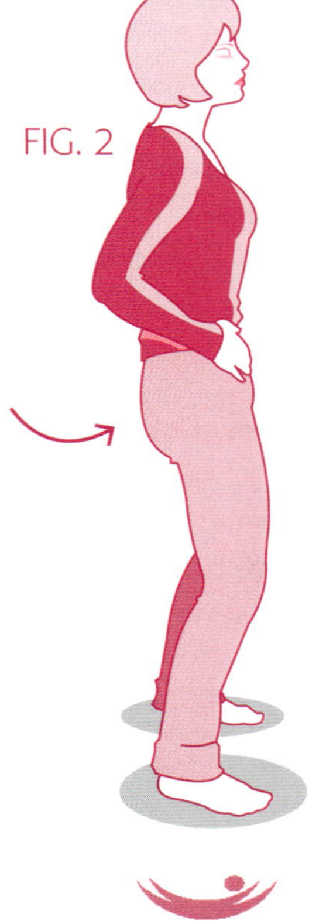

FIG. 3

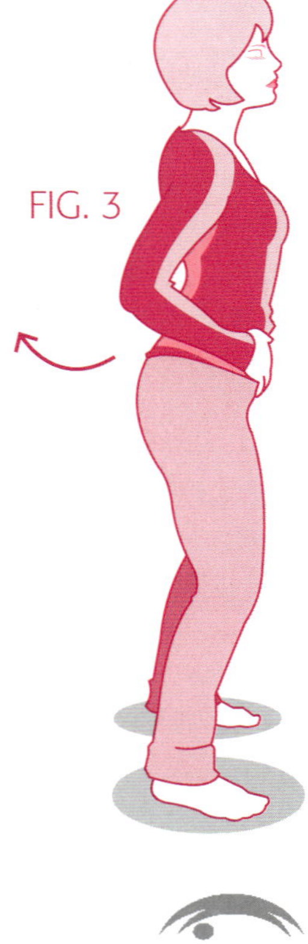

Descrizione

Il dondolo è un esercizio che fa ondeggiare la pelvi in avanti e indietro. Quando la pelvi viene spinta in avanti i muscoli di quest'area si contraggono, quando viene spinta indietro si rilassano.

Scopo e benefici

- Rafforza e tonifica tutta la muscolatura della pelvi.
- Riduce la stasi pelvica.
- Aumenta la flessibilità del bacino, grazie all'oscillazione con spostamento antero-posteriore.
- Rende fluida la camminata e i movimenti su tutta la struttura: ossea, muscolare e legamentosa.
- Toglie rigidità al tratto lombare e sacrale della colonna vertebrale.

Partenza

Assumi la posizione in piedi, con il corpo rilassato, le mani appoggiate sulle anche. Le gambe sono leggermente divaricate, con un'ampiezza corrispondente ai fianchi e con le ginocchia leggermente piegate. Ciò ti aiuta a far assumere alla colonna vertebrale una postura rilassata e a non caricare l'articolazione del ginocchio (FIG. 1).

Contatto

Crea un contatto per percepire la parte: appoggia le mani sui fianchi e poi segui con le dita il contorno delle ossa iliache. Ora poni le mani sui glutei. Sono questi i muscoli che si contraggono e spingono avanti il bacino. Poi riporta le mani sui fianchi, dove resteranno per tutto l'esercizio.

Esecuzione

- Spingi il pube in avanti. Contrai forte i muscoli dei glutei sentendo l'osso pubico che si solleva verso l'alto. Se con le mani stringi per un attimo i glutei puoi avvertire la forza della contrazione e la spinta pelvica. L'addome rientra verso la colonna vertebrale (FIG. 2).

  ~ Fai una contrazione pelvica (esercizio "La Perla").
- Ora effettua il movimento inverso, inarcando la schiena in modo da accentuare la curva lombare. L'osso pubico scende verso il basso (FIG. 3).

  ~ Fai un rilassamento pelvico breve.
- Ripeti la sequenza per le volte indicate.
- Ritorna alla posizione di partenza (FIG. 1).

  ~ Fai un rilassamento pelvico completo.

Visualizzazione

Durante il movimento immagina il tuo bacino che oscilla dolcemente come un dondolo, avanti e indietro.

Respirazione

Il respiro è libero e fluido durante tutte le fasi dell'esercizio, anche mentre fai la contrazione.

Ripetizioni e durata

- livello 1: fai 5-10 oscillazioni
- livello 2: fai 10-15 oscillazioni
- livello 3: fai 15 o più oscillazioni.

Accorgimenti e difficoltà

- Il movimento dev'essere il più dolce possibile, specialmente all'inizio. In questo modo riesci a percepire meglio le sensazioni muscolari all'interno del bacino.
- Poi con la pratica puoi aumentare l'intensità, creando uno stimolo maggiore sul corpo.
- Durante l'esecuzione mantieni il tronco perpendicolare, senza incurvarti. Le spalle sono rilassate.

Variante: con blocco in avanti

- Il movimento di oscillazione del bacino viene bloccato in avanti e la contrazione viene effettuata più a lungo o più volte. In questa variante, oltre all'esercizio "La Perla", puoi eseguire anche "La Cerniera" o "I Bottoni".

Variante: con gambe molto divaricate

- Si esegue l'esercizio con le gambe ben divaricate. L'azione sui muscoli dei glutei e delle cosce sarà più intensa, così come quella sul pavimento pelvico: con le gambe in apertura è più impegnativo eseguire le contrazioni.

IL DONDOLO A TERRA

Difficoltà: livello 1

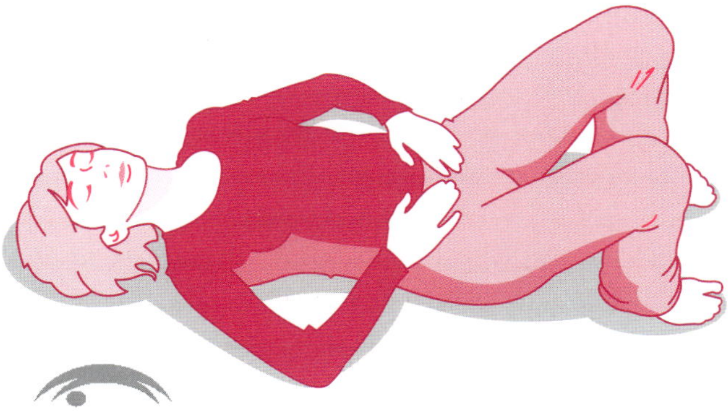

FIG. 1

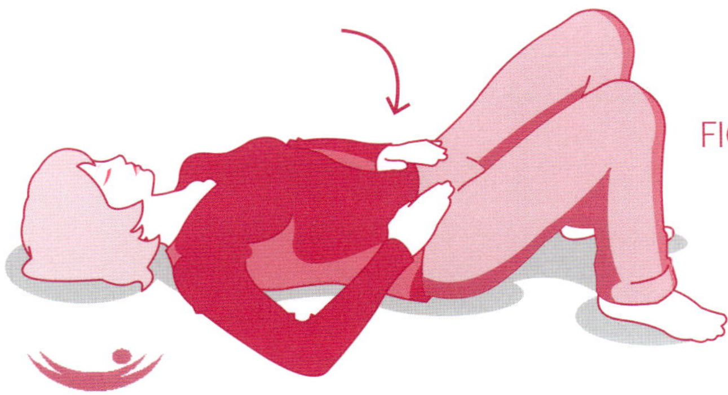

FIG. 2

FIG. 3

Descrizione

Il dondolo a terra, come il dondolo in piedi, è un esercizio che fa ondeggiare la pelvi in avanti e indietro. Quando la schiena viene spinta verso terra i muscoli pelvici si contraggono. Quando viene leggermente inarcata verso l'alto i muscoli pelvici si rilassano.

Scopo e benefici

- Rafforza e tonifica tutta la muscolatura della pelvi.
- Riduce la stasi pelvica.

- Aumenta la flessibilità del bacino, grazie all'oscillazione con spostamento antero-posteriore.
- Rende fluida la camminata e i movimenti su tutta la struttura: ossea, muscolare e legamentosa.
- Toglie rigidità al tratto lombare e sacrale della colonna vertebrale.

Partenza

Assumi la posizione distesa supina, con le gambe piegate e leggermente divaricate. I piedi sono distanziati, con un'apertura pari alla larghezza del bacino.
Le mani sono appoggiate sull'addome (FIG. 1).

Contatto

Con le mani senti i fianchi e segui con le dita il contorno delle ossa iliache. Tocca anche la schiena nella zona lombare e senti la lieve arcuazione che si forma. Poi riporta le mani sull'addome, dove resteranno per tutto l'esercizio.

Esecuzione

- Solleva la zona pelvica spingendo il pube verso l'alto, senza staccare i glutei da terra. Contemporaneamente premi la zona lombare contro il pavimento. Avverti che gli ischi – le ossa del bacino su cui si compie la rotazione – si avvicinano tra loro.

   ~ Fai una contrazione pelvica (esercizio "La Perla") (FIG. 2).
- Ora effettua il movimento inverso, inarcando la schiena verso l'alto. La zona lombare si stacca leggermente, mentre il bacino resta a contatto con il pavimento. Avverti che gli ischi, ruotando in avanti per inarcare la schiena, si distanziano tra loro (FIG. 3).

   ~ Fai un rilassamento pelvico breve.
- Ripeti la sequenza per le volte indicate.
- Ritorna alla posizione di partenza (FIG. 1).

   ~ Fai un rilassamento pelvico completo.

Visualizzazione

Durante il movimento visualizza il tuo bacino che oscilla dolcemente come un dondolo, ruotando sulla superficie di appoggio.

Respirazione

Il respiro è fluido e lento durante tutte le fasi dell'esercizio, anche mentre fai la contrazione.

Ripetizioni e durata

- livello 1: fai 5-10 oscillazioni
- livello 2: fai 10-15 oscillazioni
- livello 3: fai più di 15 oscillazioni.

Accorgimenti e difficoltà

- Mantieni i piedi il più possibile accostati alle natiche per favorire una buona aderenza della colonna vertebrale al suolo.
- Per consentire un movimento adeguato sul bacino è importante un corretto appoggio di tutto il tronco. Fai attenzione a non inarcare il collo: spingi leggermente il mento verso lo sterno per allinearlo. Se ti risulta difficoltoso, puoi effettuare la posizione del dondolo a terra con un piccolo cuscino sotto il capo, non troppo alto.

Variante: con blocco in avanti

- Il movimento di oscillazione del bacino viene bloccato in avanti e la contrazione viene effettuata più a lungo o più volte. In questa variante, oltre all'esercizio "La Perla", puoi eseguire anche "La Cerniera" o "I Bottoni".

Difficoltà: livello 1

LO SCONDINZOLARE

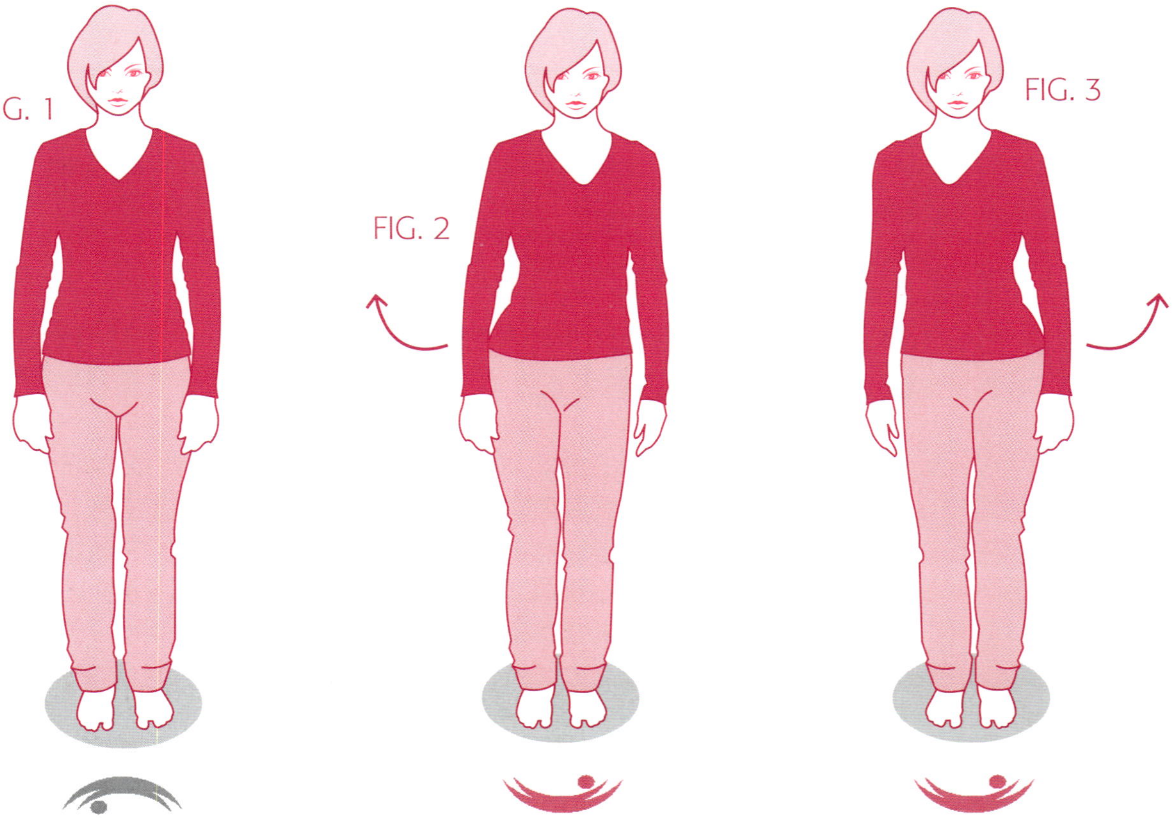

FIG. 1 FIG. 2 FIG. 3

Descrizione

Lo scodinzolare è un esercizio che ricorda proprio un movimento "di coda". Il bacino oscilla lateralmente in modo libero e fluido. I muscoli pelvici vengono stimolati in alternanza verso destra e verso sinistra.

Scopo e benefici

- Rafforza e tonifica tutta la muscolatura pelvica.
- Aumenta la consapevolezza dei muscoli del pavimento pelvico, isolandoli dai muscoli addominali.
- Mobilita tutto il bacino donando armonia al movimento del corpo.
- Rende morbidi e sciolti i muscoli e le articolazioni di tutta la regione pelvica. È un esercizio molto utile da alternare alle posizioni statiche o a sequenze di contrazioni.

- Dona un senso di leggerezza al bacino e, più in generale, a tutto il corpo.
- Toglie rigidità e blocchi all'area lombare, permettendo una naturale oscillazione nel movimento e una postura più allineata e corretta da seduti.

Partenza

Assumi la posizione eretta, le braccia rilassate lungo il corpo, i piedi quasi uniti. Le gambe sono leggermente piegate. Ciò ti aiuta a mantenere la colonna vertebrale in una postura rilassata e a non caricare l'articolazione del ginocchio (FIG. 1).

Contatto

Crea un contatto per percepire la parte: appoggia le mani sui fianchi e segui con le dita il contorno delle ossa iliache. Poi rilassa di nuovo le braccia lungo il corpo.

Esecuzione

- Inizia ora a oscillare il bacino verso destra e verso sinistra, con un movimento ritmico che ricorda uno scodinzolio (FIGG. 2 e 3).

  ~ Fai una contrazione pelvica (esercizio "La Perla") a sinistra e una a destra; quando sei al centro fai un rilassamento pelvico breve.
- Ritorna alla posizione di partenza (FIG. 1).

  ~ Fai un rilassamento pelvico completo.

Visualizzazione

Durante il movimento immagina il tuo bacino che oscilla liberamente come una coda.

Respirazione

Il respiro è libero e fluido durante tutte le fasi dell'esercizio.

Ripetizioni e durata

- livello 1: fai 5-10 oscillazioni
- livello 2: fai 10-15 oscillazioni
- livello 3: fai più di 15 oscillazioni.

Accorgimenti e difficoltà

- Fai attenzione a oscillare soprattutto il bacino, senza muovere eccessivamente le ginocchia e il tronco.
- Evita di contrarre troppo i muscoli delle cosce.

Difficoltà: livello 1

L'ONDA

FIG. 1

FIG. 2

FIG. 3

FIG. 4

Descrizione

L'onda è un esercizio che fa oscillare la colonna vertebrale prima verso l'alto e poi verso il basso. Quando si incurva verso l'alto si contraggono i muscoli pelvici, quando si inarca verso il basso si rilassano.

Scopo e benefici

- Rafforza e tonifica i muscoli del pavimento pelvico.
- Rende elastiche le strutture articolari del bacino, favorendo la mobilità di tutta l'area.
- Decomprime gli organi pelvici creando un benefico massaggio interno.
- Favorisce l'apertura e la distensione dell'articolazione dell'anca.
- Allevia le rigidità a tutto il tronco, fino all'area cervicale.

Partenza

Assumi la posizione quadrupedica. Mani appoggiate a terra, braccia con l'apertura corrispondente alle spalle. Gambe piegate e divaricate con apertura corrispondente al bacino. Dorso dei piedi sul pavimento.
Percepisci il bacino allineato alla schiena, parallelo alla superficie di appoggio (FIG. 1).

Esecuzione

- Incurva la schiena verso l'alto, fletti il capo con il mento verso lo sterno e intanto espira.
  Senti le ossa ischiatiche che si avvicinano tra loro, gli sfinteri anali che si comprimono. L'addome e gli organi pelvici vengono come risucchiati verso l'interno (FIG. 2).

  ~ Fai una contrazione pelvica (esercizio "La Perla" o esercizio "La Cerniera").
- Inarca ora la schiena verso il basso, sollevando il capo verso l'alto e intanto inspira. Senti le ossa ischiatiche che si distanziano e l'area degli sfinteri anali che si distende (FIG. 3).

  ~ Fai un rilassamento pelvico breve.
- Ripeti la sequenza per le volte indicate.
- Ritorna nella posizione di partenza (FIG. 1).

  ~ Fai un rilassamento pelvico completo.
- Al termine rilassa il tronco distendendo la schiena, con le braccia in avanti (FIG. 4).

Ripetizioni e durata

- livello 1: fai da 5 a 10 oscillazioni
- livello 2: fai da 10 a 15 oscillazioni
- livello 3: fai più di 15 oscillazioni.

Accorgimenti e difficoltà

- Fai attenzione a non spostare in avanti e indietro il tronco. Il movimento accade sulla schiena, braccia e gambe restano ferme.
- Fai attenzione a non flettere le braccia mentre inarchi la schiena. Mantienile sempre distese.

Variante: mantenimento della schiena incurvata

- La schiena viene mantenuta incurvata verso l'alto (FIG. 2) per 3-5 respiri, effettuando una contrazione pelvica prolungata. In questo caso sono particolarmente indicati gli esercizi "La Cerniera" o "I Bottoni".

IL GIGLIO

Difficoltà: livello 1

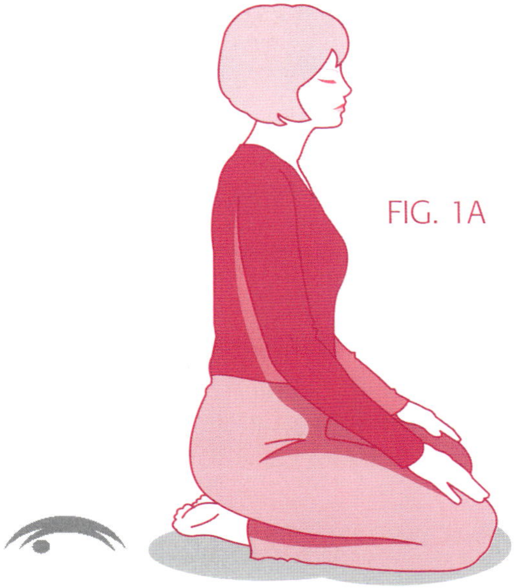

FIG. 1A

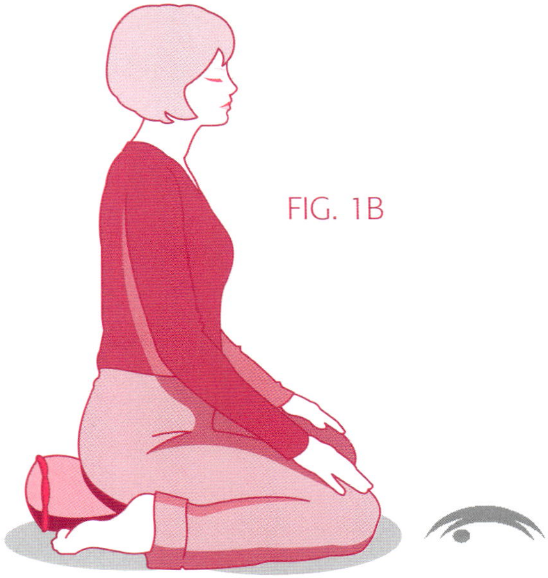

FIG. 1B

FIG. 2

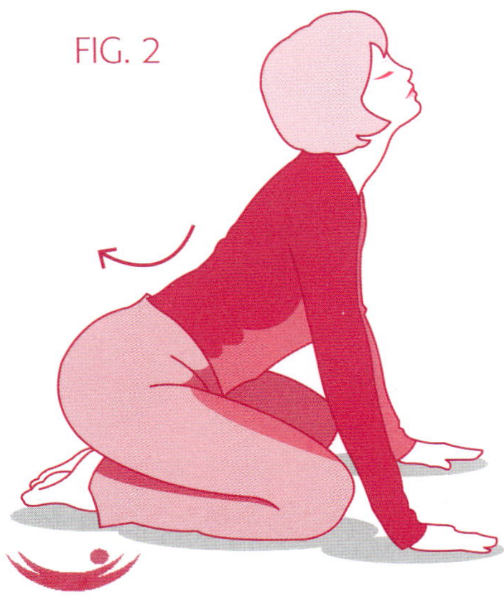

FIG. 3

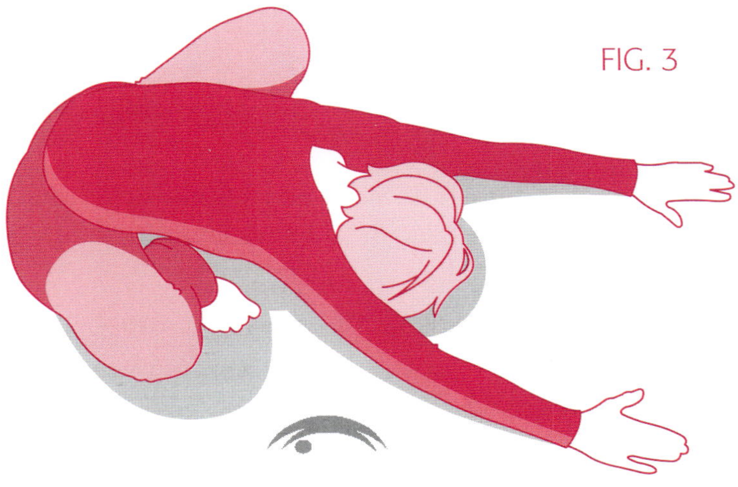

Descrizione

Il giglio è un esercizio che apre la pelvi con un movimento di arcuazione in avanti e poi uno stiramento indietro. Quando ci si inarca in avanti i muscoli pelvici si contraggono. Nella fase di stiramento indietro i muscoli pelvici si rilassano.

Scopo e benefici

- Distende e allunga tutti i fasci muscolari del pavimento pelvico.
- Apre l'area pelvica, rilassandola. L'apertura del bacino migliora l'afflusso sanguigno in questa parte e riduce la stasi pelvica.
- Elasticizza le articolazioni a livello inguinale.
- Favorisce lo stiramento dei muscoli addominali e dorsali, rendendo il bacino più flessibile ed elastico.
- Migliora la mobilità vertebrale nel tratto lombo-sacrale. È un ottimo esercizio di supporto alle tecniche di basculanza sul bacino, perché favorisce un'oscillazione più libera e ampia.

Partenza

Assumi la posizione in ginocchio, seduta sui talloni. Gli alluci si toccano. Il tronco è diritto, le spalle morbide, il collo in allineamento alla colonna vertebrale. Le braccia sono rilassate, i palmi appoggiati sulle cosce (FIG. 1A).
Se hai difficoltà a mantenere questa posizione, puoi assumerla tenendo un cuscino fra le cosce, sedendotici sopra (FIG. 1B).

Esecuzione

- Appoggia le mani a terra, leggermente distanziate dalle ginocchia; il capo è appena sollevato verso l'alto. Ora inarca di più la schiena, assecondando la curva lombare. Intanto inspira.
- Avverti le ossa ischiatiche che si distanziano tra loro mentre il bacino ruota in avanti (FIG. 2).

  ~ Fai una contrazione pelvica (esercizio "La Perla" o "La Cerniera" o "I Bottoni").
- Ora sollevati sugli avampiedi e sposta tutto il tronco indietro, allungandoti senza staccare le mani da terra. Intanto espira. Senti i talloni che si toccano e le ginocchia che si aprono (FIG. 3).

  ~ Fai un rilassamento pelvico breve.
- Ripeti la sequenza per le volte indicate.
- Ritorna nella posizione di partenza (FIG. 1).

  ~ Fai un rilassamento pelvico completo.

Visualizzazione

Durante l'arcuazione visualizza l'area pelvica come un fiore con la corolla chiusa. Poi nella fase di stiramento visualizza la pelvi che si allunga e si distende, come un fiore che apre i suoi petali.

Respirazione

È a fasi. Inspira mentre inarchi la schiena verso l'alto. Espira mentre distendi indietro il tronco. Quando esegui la contrazione respira liberamente.

Ripetizioni e durata

- livello 1: fai da 3 a 5 movimenti
- livello 2: fai da 5 a 10 movimenti
- livello 3: fai più di 10 movimenti.

Accorgimenti e difficoltà

- All'inizio non sforzarti di inarcare troppo, se avverti la schiena e il bacino rigidi e bloccati. Con la pratica potrai aumentare man mano l'ampiezza del movimento e creare un'apertura maggiore della pelvi.
- Quando allunghi il tronco indietro è importante che i talloni si tocchino, ma restino sollevati da terra. In questo modo consenti una maggiore apertura e distensione pelvica.
- Esegui con attenzione la fase di stiramento perché ti aiuta a decomprimere tutta la regione pelvica, compresi gli organi.

Variante: con blocco in arcuazione

- Si blocca la posizione e la contrazione viene effettuata più a lungo o con più ripetizioni (FIG. 2).
- Questa variante è consigliata alle persone che non hanno difficoltà a sostare nella posizione seduta sui talloni (FIG. 3).

Difficoltà: livello 1

IL BOCCIOLO

FIG. 1

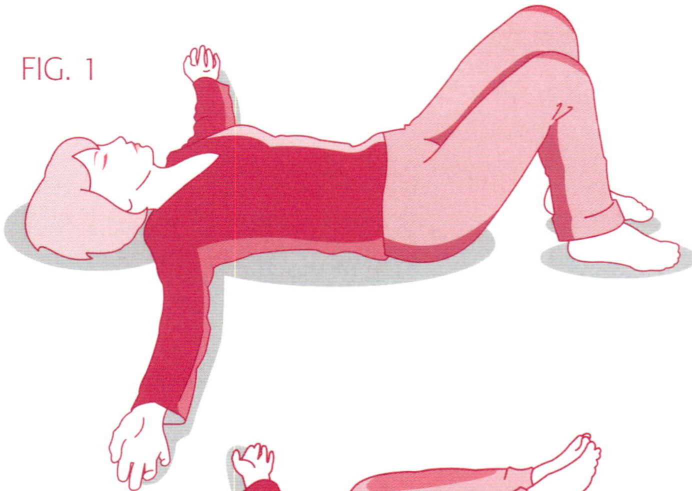

FIG. 3

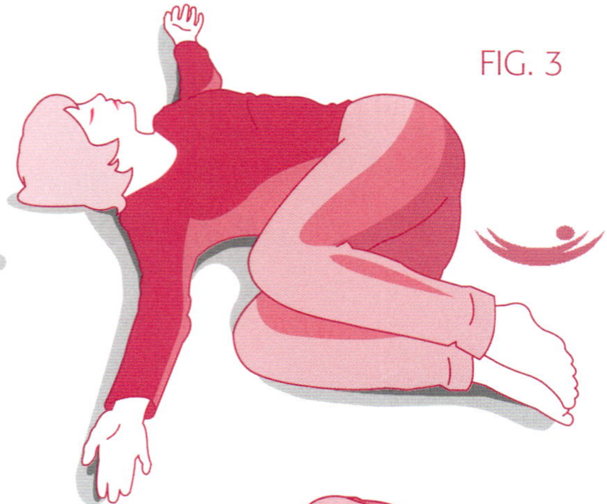

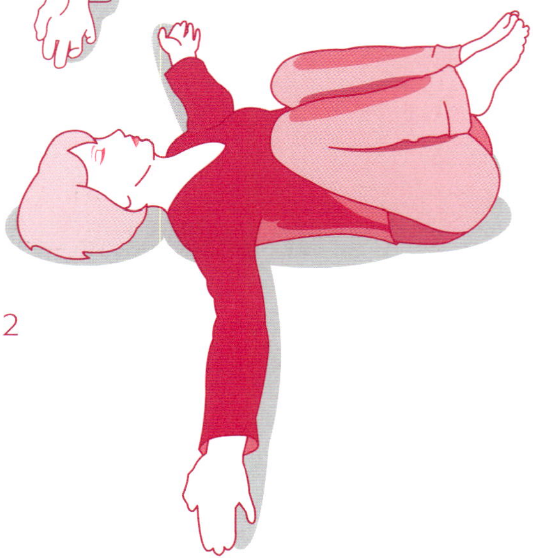

FIG. 2

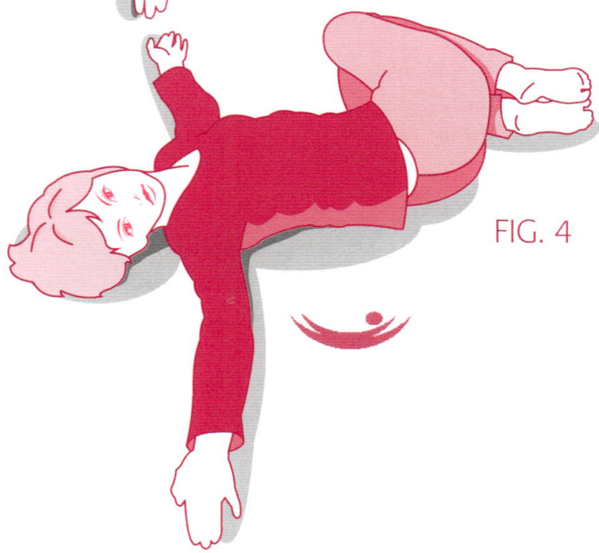

FIG. 4

Descrizione

Il bocciolo è un esercizio che allunga la pelvi con un movimento di torsione laterale, nel momento in cui i muscoli pelvici si contraggono.

Scopo e benefici

- Rafforza e tonifica i muscoli del pavimento pelvico.
- Apre la pelvi in rotazione. Il movimento di torsione sulla colonna vertebrale toglie rigidità e senso di compressione al bacino.
- Dona uno stato di leggerezza e distensione a tutta la zona.
- Tonifica la muscolatura addominale.
- Massaggia e rilassa le articolazioni e i nervi dell'area lombo-sacrale.

Partenza

Assumi la posizione distesa supina, con le gambe piegate e leggermente divaricate.

I piedi sono distanziati, con un'apertura pari alla larghezza del bacino. Le braccia sono orizzontali, i palmi delle mani rivolti verso l'alto. Percepisci il bacino rilassato, la schiena a contatto con il pavimento (FIG. 1).

Contatto

Crea un contatto per percepire la parte: appoggia le mani sui fianchi. Segui il contorno delle ossa iliache. Spostati sull'addome, premendo con delicatezza per avvertire gli organi all'interno della pelvi.

Esecuzione

- Fletti le ginocchia e raccoglile al petto (FIG. 2).
- Ora scendi con entrambe le gambe raccolte su un lato del corpo e ruota il capo sul lato opposto (FIG. 3).

  ~ Spingi leggermente il pube in avanti e fai una contrazione pelvica (esercizio "La Perla" o "La Cerniera" o "I Bottoni").
- Ritorna nella posizione centrale, con le gambe flesse sull'addome (FIG. 2).

  ~ Fai un rilassamento pelvico breve.
- Ora scendi con entrambe le gambe raccolte sul lato opposto (FIG. 4).

  ~ Spingi leggermente il pube in avanti e fai una contrazione pelvica (esercizio "La Perla" o "La Cerniera" o "I Bottoni").
- Ritorna nella posizione centrale, con le gambe flesse sull'addome (FIG. 2).

  ~ Fai un rilassamento pelvico completo.
- Riprendi la posizione di partenza (FIG. 1).

Respirazione

Il respiro è libero e fluido durante tutte le fasi dell'esercizio, anche mentre fai la contrazione.

Ripetizioni e durata

- livello 1: fai 3 movimenti per parte
- livello 2: fai 5 movimenti per parte
- livello 3: fai più di 5 movimenti per parte.

Accorgimenti e difficoltà

- La rotazione delle gambe su un lato e del capo sull'altro avviene in contemporanea. Questo permette una lieve torsione su tutta la lunghezza della schiena.

Difficoltà: livello 1

L'UOVO

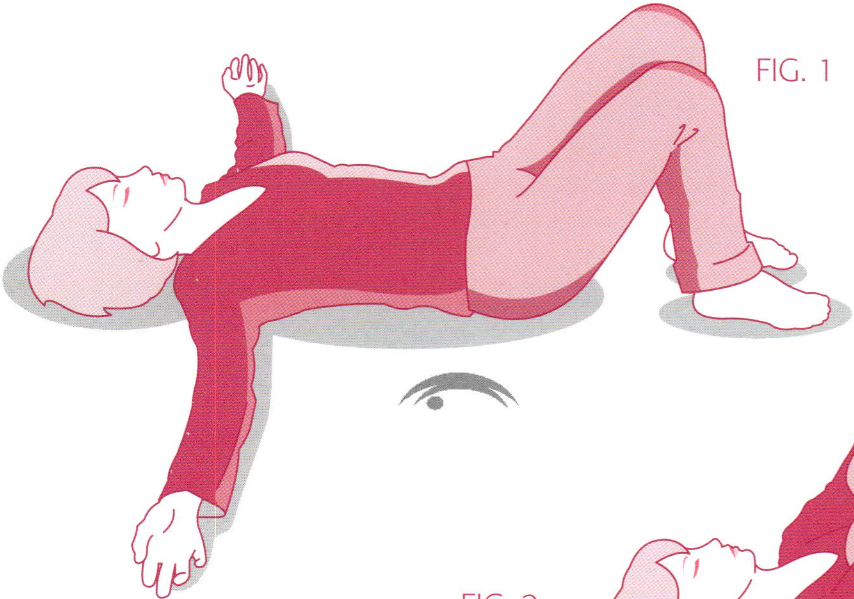

FIG. 1

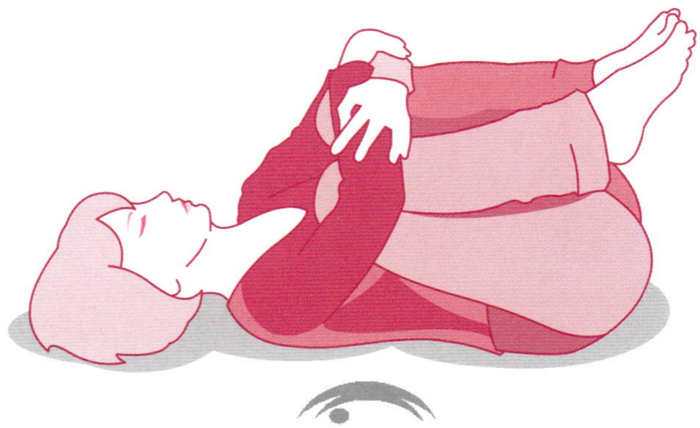

FIG. 2

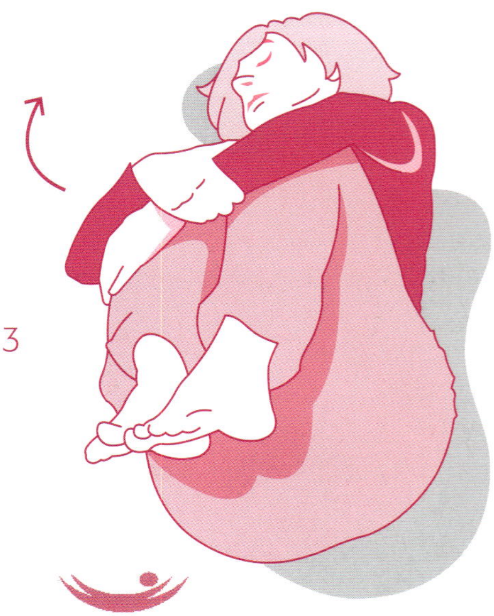

FIG. 3

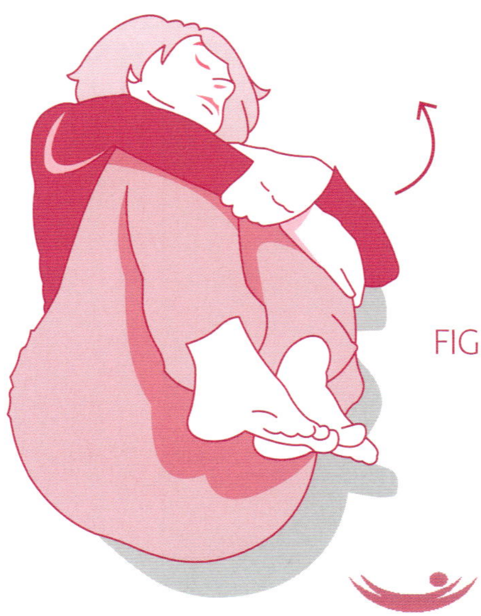

FIG. 4

Descrizione

L'uovo è un esercizio in cui si fa oscillare la pelvi – e il tronco di conseguenza – da distesi. La contrazione pelvica viene eseguita durante il movimento.

Scopo e benefici

- Rilassa piacevolmente gli organi pelvici, grazie al movimento alternato di compressione e distensione. Utero, ovaie, vescica e colon ricevono un delicato massaggio interno, molto benefico per ridurre spasmi e tensioni dolorose.
- Scioglie le contratture dell'area del bacino in generale.
- Toglie rigidità e tensioni al tratto lombo-sacrale della colonna vertebrale. Il movimento a rollio crea un piacevole senso di distensione anche sui muscoli dorsali e paravertebrali.
- È un esercizio utile da alternare alle contrazioni pelviche o alle posizioni che sollecitano la schiena.
- Rafforza e tonifica la muscolatura pelvica.

Partenza

Assumi la posizione distesa supina, con le gambe piegate e leggermente divaricate.
I piedi sono distanziati, con un'apertura pari alla larghezza delle anche. Le braccia sono orizzontali, i palmi delle mani rivolti in alto. Percepisci il bacino rilassato, la schiena in appoggio sul pavimento (FIG. 1).

Contatto

Crea un contatto per percepire la parte: appoggia le mani sui fianchi. Segui il contorno delle ossa iliache. Spostati sull'addome, premendo con delicatezza per avvertire gli organi all'interno della pelvi.

Esecuzione

- Raccogli le gambe flettendo le ginocchia al petto. Circondale con le braccia. Crea una leggera pressione, senza contrarre troppo le spalle (FIG. 2).
- Comincia dolcemente a "cullarti" verso sinistra e verso destra, senza però scendere completamente sul lato (FIGG. 3-4).

   ~ Fai una contrazioni pelvica sul lato destro e una sul lato sinistro (esercizio "La Perla"), con un breve rilassamento al centro.
- Al termine ritorna nella posizione di partenza (FIG. 1).

   ~ Fai un rilassamento pelvico completo.

Visualizzazione

Durante il movimento immagina il tuo bacino mobile e sciolto, che rotola liberamente su un lato e sull'altro, come un uovo, senza spigoli e basi.

Respirazione

Il respiro è libero e fluido per tutto l'esercizio.

Ripetizioni e durata

- livello 1: fai 5-10 oscillazioni
- livello 2: fai 10-15 oscillazioni
- livello 3: fai 15 o più oscillazioni.

Accorgimenti e difficoltà

- È importante mantenere la posizione ben raccolta. In questo modo puoi coinvolgere tutta la struttura pelvica in un movimento completo e armonioso.
- Il dondolio è dolce, con una spinta leggera per creare l'oscillazione. Fai attenzione a non contrarre troppo le braccia e il collo e a non scendere troppo.
- Se hai difficoltà a circondare le ginocchia con le braccia, puoi anche tenere le gambe più divaricate, con le mani appoggiate proprio sopra le ginocchia stesse.

LA MEZZALUNA

Difficoltà: livello 2

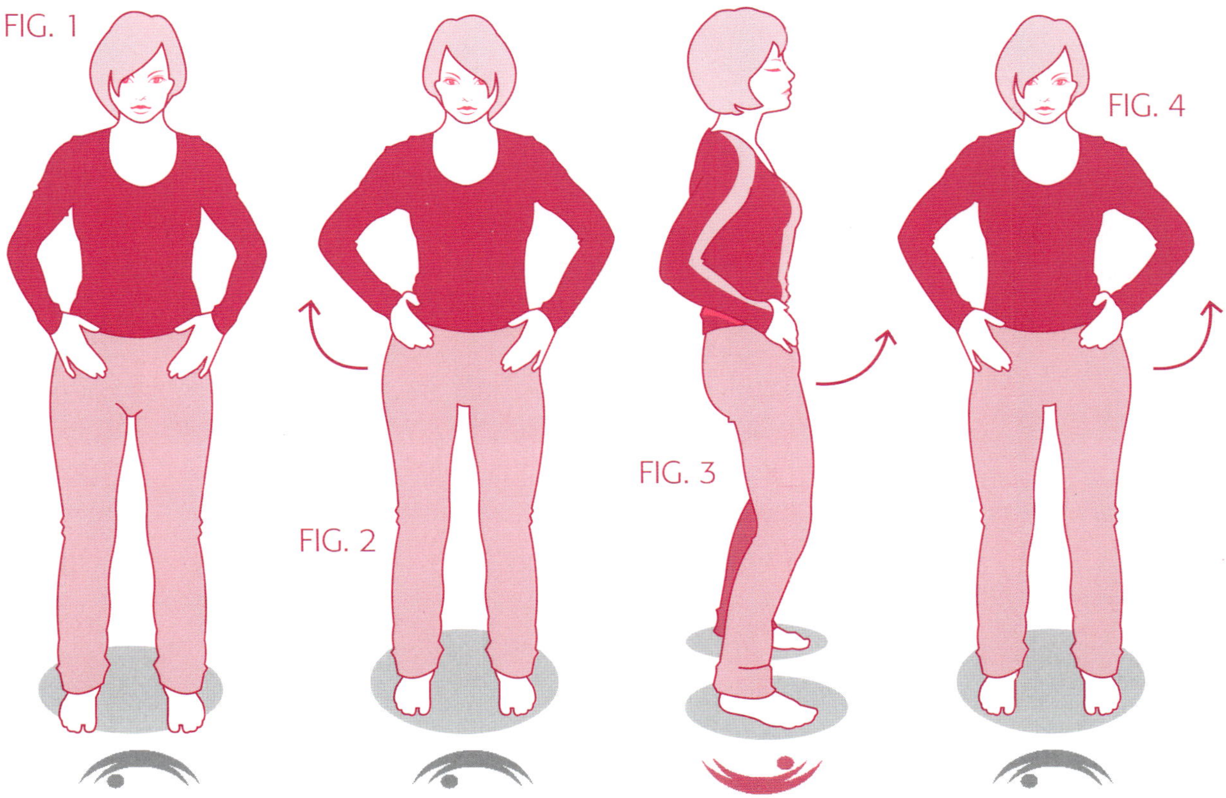

Descrizione

Questo è un esercizio che fa oscillare la pelvi a destra, in avanti e a sinistra, come una mezzaluna. Tutti i muscoli pelvici vengono coinvolti in fasi alterne di contrazione e rilassamento.

Scopo e benefici

- Svolge un'azione stimolante e tonificante sulla muscolatura pelvica, dagli strati superficiali a quelli più profondi.
- Aumenta la flessibilità del bacino, grazie all'oscillazione con spostamento sia laterale che anteriore. L'azione sulle strutture legamentose rende il movimento del corpo fluido e armonioso, sia nella camminata che nella danza.
- Riduce la stasi pelvica.
- Toglie rigidità al tratto sacrale della colonna vertebrale.
- Modella vita e fianchi.

Partenza

Assumi la posizione in piedi, con il corpo rilassato, le mani a contatto del bacino. Le gambe sono leggermente divaricate, con un'ampiezza corrispondente ai fianchi e leggermente piegate. Ciò ti aiuta a far assumere alla colonna vertebrale una postura rilassata e a non caricare l'articolazione del ginocchio (FIG. 1).

Contatto

Crea un contatto per percepire la parte: appoggia le mani sui fianchi e segui con le dita il contorno delle ossa iliache. Ora poni le mani sui glutei. Poi riportale sui fianchi, dove resteranno per tutto l'esercizio.

Esecuzione

- Piega leggermente una gamba e fai uno spostamento laterale del bacino sul lato opposto (FIG. 2).

  ~ Fai un rilassamento pelvico breve.
- Ritorna verso il centro e contrai dinamicamente i glutei spingendo l'osso pubico in avanti. Senti l'addome che rientra verso il sacro (FIG. 3).

  ~ Fai una contrazione pelvica (esercizio "La Perla" o "La Cerniera" o "I Bottoni").
- Poi piega l'altra gamba e sposta l'anca sul lato opposto (FIG. 4).

  ~ Fai un rilassamento pelvico breve.
- Ripeti la sequenza per le volte indicate.
- Ritorna alla posizione di partenza (FIG. 1).

  ~ Fai un rilassamento pelvico completo.

Visualizzazione

Immagina di tracciare una mezzaluna con il tuo bacino mentre compi il movimento di oscillazione su un lato, in avanti e sul lato opposto.

Respirazione

Il respiro è libero e fluido.

Ripetizioni e durata

- livello 1: fai 5-10 oscillazioni
- livello 2: fai 10-20 oscillazioni
- livello 3: fai 20 o più oscillazioni.

Accorgimenti e difficoltà

- Fai attenzione a contrarre soprattutto i muscoli pelvici. Gli addominali e i glutei vengono contratti solo come supporto. Cerca di mantenere le cosce rilassate. Così stimoli il pavimento pelvico.

L'ANCHEGGIO

Difficoltà: livello 2

FIG. 1

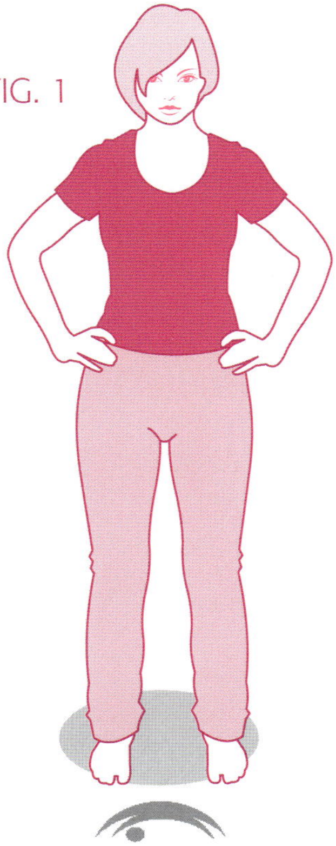

FIG. 2

FIG. 3

Descrizione

L'ancheggio, come suggerisce il nome, è un esercizio che fa muovere la pelvi a destra e a sinistra, con uno spostamento sull'anca. I muscoli pelvici si contraggono durante la spinta laterale. E si rilassano quando il bacino torna in posizione centrale.

Scopo e benefici

- Rafforza e tonifica tutta la muscolatura pelvica.
- Migliora le condizioni delle strutture articolari e delle fasce connettivali, rendendole elastiche e flessibili.
- Riduce la stasi pelvica.
- L'abbinamento oscillazione-contrazione rende l'azione sul bacino intensa e profonda.
- Dona mobilità al bacino rendendo l'andatura sciolta ed elastica, sia durante la camminata che nella danza.

- Toglie rigidità al tratto sacrale e lombare della colonna vertebrale, favorendo la lubrificazione articolare. La sensazione, a livello osseo, muscolare e organico è quella di muoversi in un bacino libero e armonioso.

Partenza

Assumi la posizione in piedi, con il corpo rilassato, le mani appoggiate sulle anche. Le gambe sono leggermente piegate e divaricate, con un'ampiezza corrispondente ai fianchi. Ciò ti aiuta a far assumere alla colonna vertebrale una postura rilassata e a non caricare l'articolazione del ginocchio (FIG. 1).

Contatto

Crea un contatto per percepire la parte: appoggia le mani sui fianchi e segui con le dita il contorno delle ossa iliache. Poi riporta le mani sui fianchi.

Esecuzione

- Sposta l'anca lateralmente, piegando di poco la gamba opposta, per aumentare l'estensione. E poi spostala sull'altro lato (FIGG. 2-3).

  ~ Fai una contrazione pelvica a sinistra e una a destra (esercizio "La Perla" o "La Cerniera") con un breve rilassamento al centro.
- Al termine ritorna nella posizione di partenza (FIG. 1).

  ~ Fai un rilassamento pelvico completo.

Visualizzazione

Durante il movimento immagina il tuo bacino che oscilla dolcemente su un lato e sull'altro, armonioso e completamente libero.

Respirazione

Il respiro è libero e fluido.

Ripetizioni e durata

- livello 1: fai 5-10 oscillazioni
- livello 2: fai 10-15 oscillazioni
- livello 3: fai 15 o più oscillazioni.

Accorgimenti e difficoltà

- Mantieni le gambe e il tronco il più possibile allineati. Sono le anche a oscillare, non tutto il corpo.
- Verifica il rilassamento di tronco, spalle e collo durante il movimento.

LA FARFALLA

Difficoltà: livello 2

FIG. 1

FIG. 2

FIG. 3

Descrizione

Con l'esercizio della farfalla le gambe oscillano in apertura inguinale. Nel frattempo si effettuano le contrazioni pelviche.

Scopo e benefici

- Favorisce la percezione del pavimento pelvico, attraverso la pressione verso il basso.
- Stimola e tonifica i vari strati dei muscoli pelvici.
- Grazie alla momentanea compressione e successiva decompressione crea uno stimolo sul flusso circolatorio e linfatico e riduce la stasi pelvica.
- Stimola un intenso calore pelvico.
- Aumenta la flessibilità dell'articolazione dell'anca e l'apertura inguinale.
- Stimola particolarmente il calore pelvico, potenziando l'effetto terapeutico degli esercizi di contrazione interna.

Partenza

Assumi la posizione seduta a terra, a gambe incrociate, con la schiena diritta e le mani sulle ginocchia (FIG. 1).

Esecuzione

- Unisci a contatto le piante dei piedi e afferra con le mani i due avampiedi. Le ginocchia scendono di lato, in apertura inguinale. Comincia ora una leggera oscillazione, cercando di far scendere le cosce verso terra (FIG. 2).

   ~ Fai delle contrazioni pelviche continue mentre oscilli (esercizio "La Perla") con brevissimi rilassamenti pelvici in alternanza.
- Ritorna alla posizione di partenza (FIG. 1).
- Poi appoggia le mani a terra, leggermente spostate dietro il tronco (FIG. 3).

   ~ Fai un rilassamento pelvico completo.

Visualizzazione

Durante il movimento immagina il tuo bacino rilassato e le gambe che oscillano dolcemente, come le ali di una farfalla.

Respirazione

Il respiro è libero durante tutta l'esecuzione dell'esercizio.

Ripetizioni e durata

- livello 1: fai 10-15 oscillazioni
- livello 2: fai 15-30 oscillazioni
- livello 3: fai 30 o più oscillazioni.

Accorgimenti e difficoltà

- L'oscillazione è leggera e ritmica, senza spinte o forzature. Concentrati sul tuo respiro, ti aiuterà a mantenere la zona inguinale rilassata.

Variante: con le mani appoggiate a terra

- Se la posizione risulta difficoltosa da mantenere, puoi eseguirla anche portando le mani dietro, appoggiate a terra (FIG. 3). La zona inguinale resta più aperta, è meno sottoposta a pressione.
- Puoi anche fermare l'oscillazione ed eseguire le contrazioni pelviche (esercizio "La Perla" o "La Cerniera" o "I Bottoni" o, se sei molto esperta, "Il Dondolo"). Saranno particolarmente intense perché con questa posizione sei in divaricazione inguinale.

IL BAMBÙ

Difficoltà: livello 2

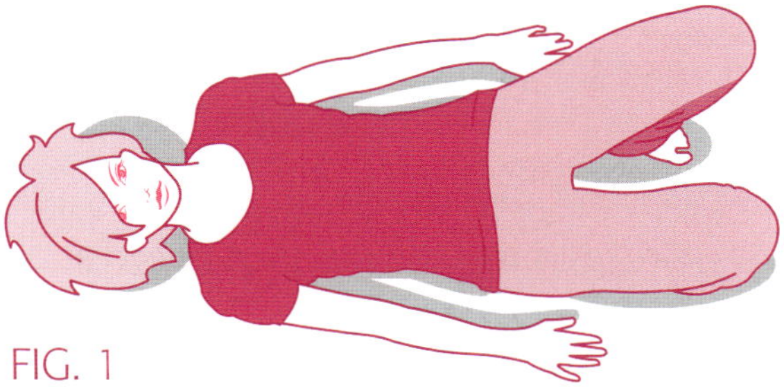

FIG. 1

FIG. 2

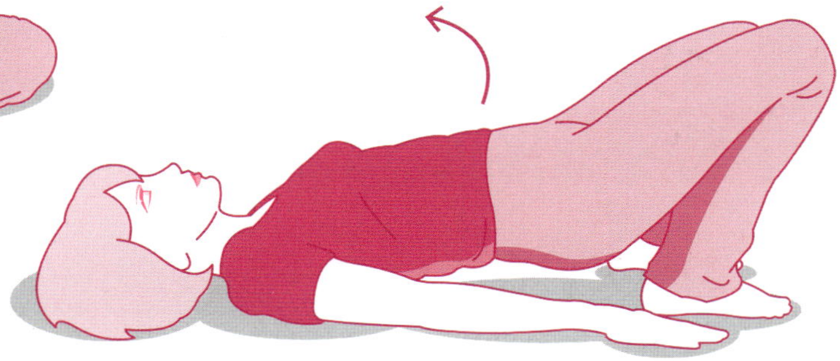

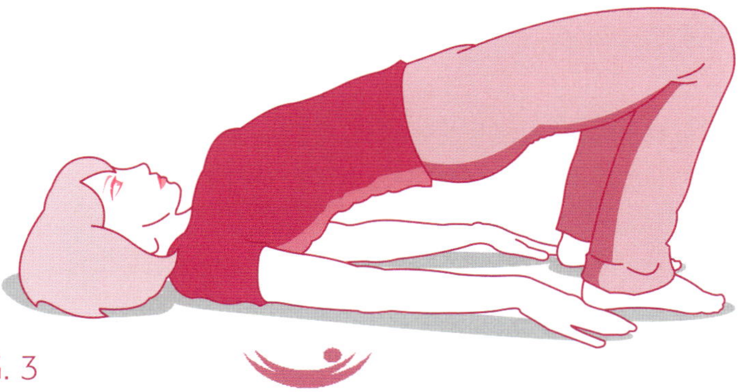

FIG. 3

FIG. 4

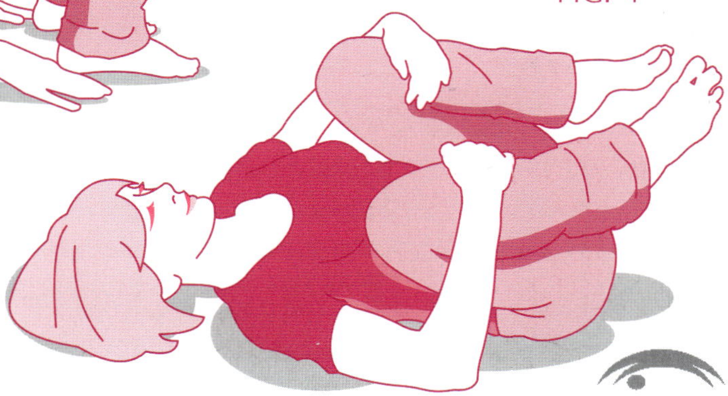

Descrizione

Il bambù è un esercizio che spinge la pelvi verso l'alto, allungandola e rinforzandola.

Scopo e benefici

- Tonifica, elasticizza e irrobustisce la muscolatura pelvica. La spinta verso l'alto permette uno stimolo ben distribuito sui vari strati muscolari, fino al più profondo.

- Svolge un'azione drenante sulla circolazione sanguigna e linfatica e riduce la stasi pelvica.
- L'inclinazione con il bacino sollevato ha un benefico effetto decongestionante sugli organi pelvici. È indicata per i prolassi, le ptosi, cioè l'abbassamento degli organi.
- È molto utile per alleviare il dolore causato dalle emorroidi infiammate.
- L'inclinazione con il bacino verso l'alto libera le tensioni al diaframma pelvico. Di conseguenza, al termine, si avverte in breve tempo un respiro più ampio e libero a livello toracico e un senso di leggerezza al capo.
- Rafforza e tonifica i muscoli dorsali, addominali e i glutei. Quando i muscoli limitrofi a quelli pelvici vengono potenziati, diventano un buon supporto per gli esercizi di contrazione interna. L'esecuzione migliora, a tutti i livelli.
- Ha un generale effetto rinvigorente sull'organismo. Rinnova la circolazione sanguigna non solo nella pelvi ma verso il capo. È molto indicata per le persone che trascorrono molte ore della loro giornata in posizione seduta.

Partenza

Assumi la posizione distesa. Le gambe sono piegate e leggermente divaricate. I piedi appoggiano sul pavimento, vicini ai glutei. Le braccia sono distese e i palmi delle mani a terra (FIG. 1).

Contatto

Crea un contatto per percepire la parte: appoggia le mani sulle anche, poi tocca il centro della pelvi, al di sotto dell'ombelico e percepisci gli organi interni, morbidi e rilassati.

Esecuzione

- Inspira e solleva di poco il bacino verso l'alto, spingendo leggermente le ginocchia in avanti, per allungare il tratto lombo-sacrale (FIG. 2).
- Ora solleva il bacino il più possibile, contraendo i glutei. Respira liberamente (FIG. 3).

  ~ Fai delle contrazioni pelviche (esercizio "La Perla" o "La Cerniera" o "I Bottoni") con brevi rilassamenti pelvici in alternanza.
- Ritorna lentamente alla posizione di partenza, decontraendo i glutei e i muscoli dorsali. La colonna vertebrale si distende gradualmente (FIG. 1).
- Fletti le gambe al petto e circondale con le braccia, premendo leggermente verso l'addome, per favorire una decontrazione (FIG. 4).

  ~ Fai un rilassamento pelvico completo.
- Infine sciogli l'intreccio e rilassa.

Visualizzazione

Durante il movimento immagina il tuo bacino leggero, robusto e flessibile come una canna di bambù. Lo senti estendersi e allungarsi, sostenuto dalla forte contrazione dei muscoli glutei.

Respirazione

Inspira nella fase iniziale, mentre la schiena sale verso l'alto. Poi respira liberamente. Effettua il ritorno in fase di espirazione.

Ripetizioni e durata

- livello 1: fai 5 respiri nella posizione sollevata
- livello 2: fai 10 respiri nella posizione sollevata
- livello 3: fai più di 10 respiri nella posizione sollevata.

Accorgimenti e difficoltà

- Cerca di mantenere le spalle e il collo rilassati.
- La spinta pelvica è potenziata dalla sinergia dei glutei in contrazione. In questo modo riesci a raggiungere il massimo dell'estensione e a mantenerla.
- Non fare questo esercizio se soffri di disturbi alla colonna vertebrale, quali ernie discali, infiammazioni articolari o dolori reumatici.

Difficoltà: livello 2

IL DIAMANTE

FIG. 1

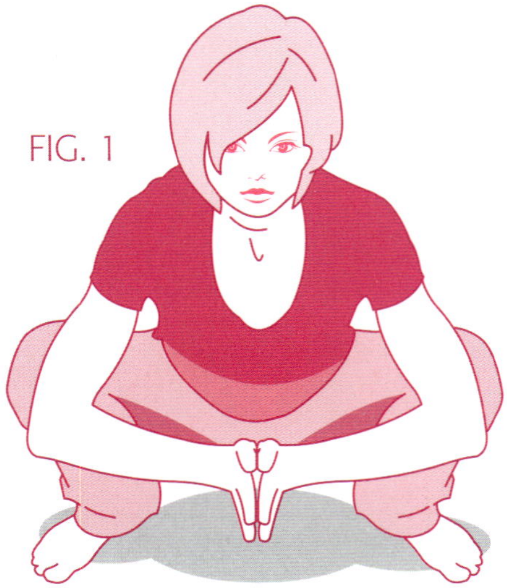

FIG. 2

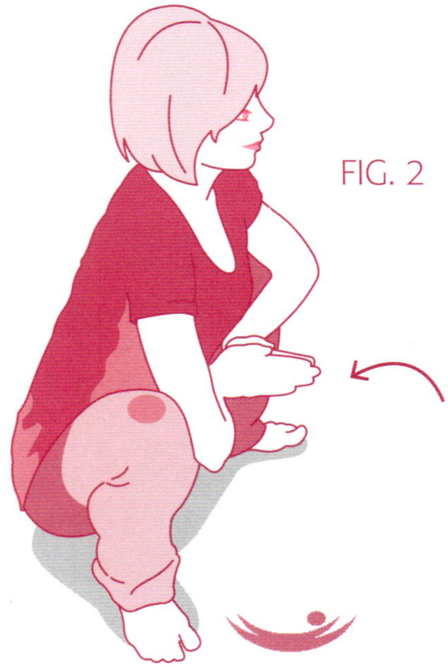

FIG. 3

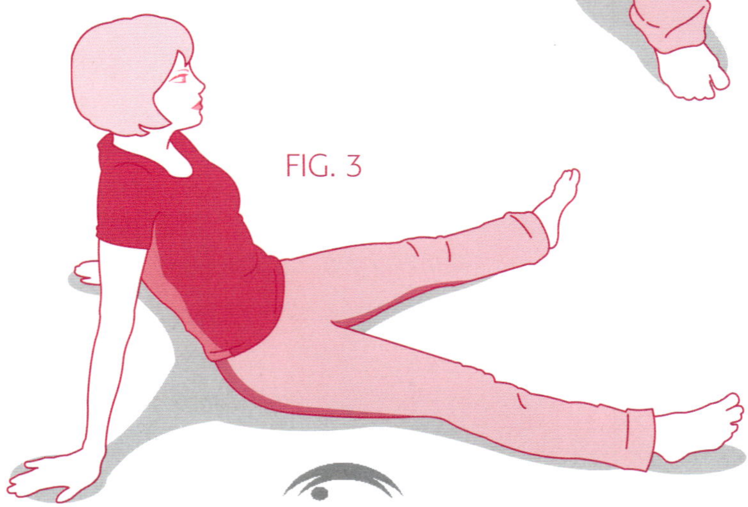

Descrizione

Il diamante è un esercizio in posizione accovacciata. I muscoli della pelvi si distendono e si allungano.

Scopo e benefici

- Apre l'area pelvica stimolando la distensione e l'allungamento dei fasci muscolari del pavimento pelvico.
- Favorisce l'elasticità delle articolazioni delle anche.
- Decongestiona utero e ovaie e tutta l'area pelvica, in generale. Per questa azione specifica, è indicato in caso di ptosi, abbassamento degli organi, prolassi, patologie emorroidarie e disturbi del ciclo mestruale.
- Riduce la stasi pelvica e crea così un senso di benessere e leggerezza, avvertito soprattutto a livello genitale, alla vescica e al colon.
- Decomprime l'area lombo-sacrale allargando gli spazi intervertebrali.
- Favorisce l'allungamento dei muscoli dorsali nell'area lombo-sacrale e aiuta a eliminare tensioni e rigidità soprattutto dovute a posture scorrette. Si percepisce da subito un benefico riallineamento della colonna vertebrale.

Partenza

Assumi la posizione accovacciata. I piedi sono appoggiati a terra, con una divaricazione corrispondente all'ampiezza del bacino. I talloni si trovano possibilmente a contatto con il pavimento, oppure leggermente sollevati. Le ginocchia sono in divaricazione. Le mani sono unite in avanti, i gomiti si inseriscono nell'incavo interno del ginocchio (FIG. 1).

Esecuzione

- Avvicina le mani congiunte verso il petto. Sentirai aumentare l'apertura inguinale. Mantieni la schiena diritta e il capo allineato alla colonna vertebrale (FIG. 2).

  ~ Fai delle contrazioni pelviche (esercizio "La Perla" o "La Cerniera" o "I Bottoni") alternate a brevi rilassamenti pelvici.
- Al termine libera le mani e siediti a terra, con le gambe allungate e divaricate (FIG. 3).

  ~ Fai un rilassamento pelvico completo.

Visualizzazione

Durante la posizione visualizza il pavimento pelvico che si apre, si distende e diventa flessibile ed elastico, in ogni punto di aggancio alla struttura ossea.

Respirazione

Il respiro è libero e fluido in ogni passaggio.

Ripetizioni e durata

- livello 1: fai 5-10 respiri nella posizione accovacciata
- livello 2: fai 10-15 respiri nella posizione accovacciata
- livello 3: fai più di 15 respiri nella posizione accovacciata.

Accorgimenti e difficoltà

Cerca di non incurvare l'area dorsale e mantieni il capo in linea con la schiena.
Se ti curvi in avanti comprometti infatti l'azione sulla pelvi: la compressione, anziché ridursi, aumenta. Mantenendo invece la schiena allineata avvertirai subito un senso di distensione lombo-sacrale e di apertura sul bacino.

LA RUOTA

Difficoltà: livello 3

FIG. 1

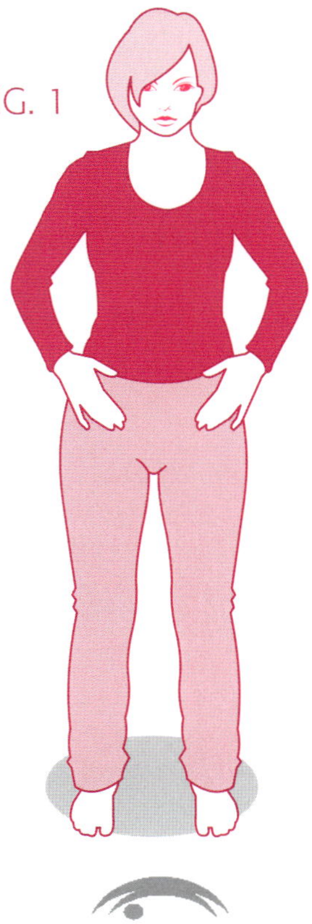

FIG. 2

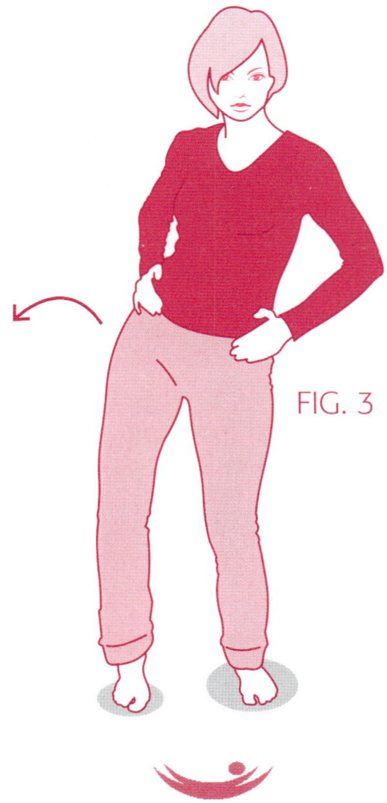

FIG. 3

Descrizione

La ruota è un esercizio che fa ruotare la pelvi con un movimento circolare, prima su una gamba e poi sull'altra. I muscoli del pavimento pelvico si contraggono e si rilasciano, in alternanza.

Scopo e benefici

- Rafforza e tonifica tutto il pavimento pelvico, anteriore e posteriore, dagli strati superficiali ai più profondi.
- Elimina la stasi pelvica.
- Migliora la flessibilità del bacino, che acquista un movimento libero e armonioso sia durante la camminata che nella danza.
- È utile per sensibilizzare la percezione su questa parte del corpo, aumentando il senso di consapevolezza, di coordinamento e di padronanza nel movimento.

Partenza

Assumi la posizione in piedi, le mani appoggiate sui fianchi. Le gambe sono leggermente piegate e divaricate, con un'ampiezza corrispondente alle anche. Ciò ti aiuta a far assumere alla colonna vertebrale una postura rilassata e a non caricare l'articolazione del ginocchio (FIG. 1).

Contatto

Crea un contatto per percepire la parte: appoggia le mani sui fianchi, segui con le dita il contorno delle ossa iliache. Appoggia ora le mani sull'addome, al centro e lateralmente. Infine riporta le mani ai fianchi, dove rimarranno per tutto l'esercizio.

Esecuzione

- Piega leggermente una gamba sollevando di poco il tallone. Poi ruota l'anca dall'interno verso l'esterno, con un movimento circolare. L'altra gamba resta immobile (FIGG. 2-3).

 ~ Fai una contrazione pelvica mentre ruoti l'anca (esercizio "La Perla" o "La Cerniera").

- Torna alla posizione di partenza (FIG. 1).

 ~ Fai un rilassamento pelvico completo.

- Ripeti l'esercizio sull'altra gamba.

Visualizzazione

Durante il movimento immagina il tuo bacino che descrive una ruota intorno all'anca.

Respirazione

Il respiro è libero e fluido.

Ripetizioni e durata

- livello 1: fai 3-5 rotazioni per parte
- livello 2: fai 5-10 rotazioni per parte
- livello 3: fai più di 10 rotazioni per parte.

Accorgimenti e difficoltà

All'inizio, specialmente se non si ha molta confidenza con il proprio corpo, il movimento sull'anca può risultare un po' rigido. È meglio cominciare con gradualità. Quando si inizia a sentire il bacino più libero, si può aumentare l'ampiezza della circonduzione e il ritmo.

L'OTTO

Difficoltà: livello 3

FIG. 1

FIG. 2

FIG. 3

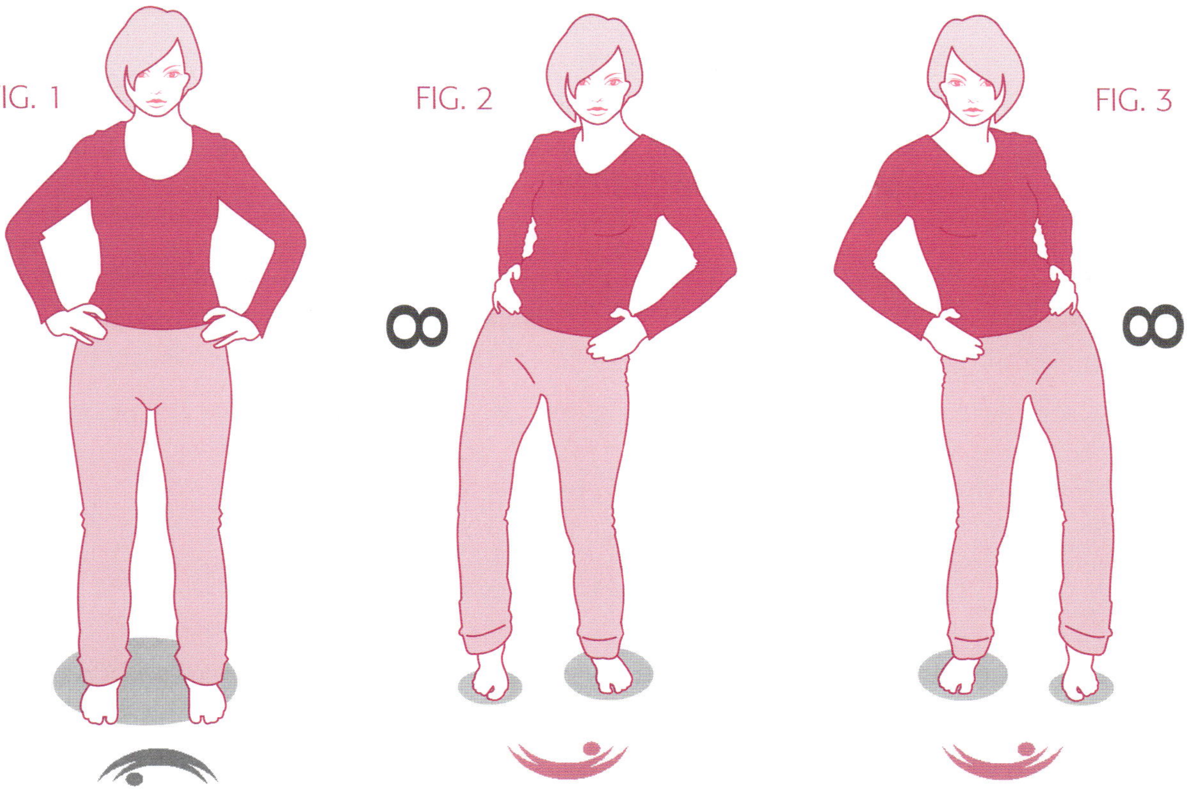

Descrizione

Durante questo esercizio il bacino disegna nell'aria una forma di otto orizzontale.
La contrazione pelvica è continua o in alternanza al rilassamento.

Scopo e benefici

- Rafforza e tonifica tutta la muscolatura pelvica, anteriore e posteriore, dagli strati più superficiali, fino ai più profondi.
- Elimina la stasi pelvica.
- Stimola il calore pelvico.
- Favorisce un'andatura armonica e rende sinuosi i movimenti del corpo nella danza.
- Migliora la lubrificazione vaginale.

- È utile per sensibilizzare l'area pelvica e acquisire una consapevolezza più profonda delle varie strutture, che in questo esercizio sono tutte coinvolte.
- Dopo un certo periodo di pratica cambia la percezione della propria area pelvica. Il corpo prova la sensazione di muoversi con un bacino molto più libero e sciolto.
- Toglie rigidità e tensione al tratto lombo-sacrale della colonna vertebrale.
- Migliora il coordinamento motorio.

Partenza

Assumi la posizione in piedi, con il corpo rilassato, le mani appoggiate sui fianchi. Le gambe sono leggermente divaricate, con un'ampiezza corrispondente alle anche. Le ginocchia sono appena piegate. Ciò ti aiuta a far assumere alla colonna vertebrale una postura rilassata e a non caricare l'articolazione del ginocchio (FIG. 1).

Contatto

Crea un contatto per percepire la parte: appoggia le mani sui fianchi e segui con le dita il contorno delle ossa iliache. Poi riporta le mani ai fianchi, dove rimarranno per l'esercizio.

Esecuzione

- Traccia con il bacino un movimento a forma di otto orizzontale, ruotando le anche in alternanza (FIGG. 2-3).

  ~ Fai una contrazione pelvica quando ruoti a sinistra, fai un breve rilassamento pelvico quando ti trovi al centro, poi fai una contrazione pelvica quando ruoti a destra (esercizio "La Perla" o "La Cerniera").
- Torna alla posizione di partenza (FIG. 1).

  ~ Fai un rilassamento pelvico completo.

Visualizzazione

Durante il movimento immagina il tuo bacino che ruota descrivendo un otto orizzontale. Lo avverti completamente sciolto e armonioso.

Respirazione

Il respiro è libero e fluido.

Ripetizioni e durata

- livello 1: fai 3-5 rotazioni, prima in un senso poi nell'altro
- livello 2: fai 5-10 rotazioni, prima in un senso poi nell'altro
- livello 3: fai più di 10 rotazioni, prima in un senso poi nell'altro.

Accorgimenti e difficoltà

- Il movimento a "otto" ha un effetto piacevole e liberatorio sul bacino. All'inizio però, specie se non c'è molta confidenza con questa parte del corpo, il movimento può risultare un po' "a scatti". È quindi meglio cominciare a ruotare la pelvi con movimenti lenti. Quando inizi ad avvertire una maggiore libertà, puoi aumentare l'ampiezza e il ritmo. Senza renderlo troppo veloce.
- Fai attenzione a contrarre solo i muscoli del bacino senza utilizzare troppo le gambe, perché in questo caso la stimolazione pelvica non accade.

Difficoltà: livello 3

LA GEMMA

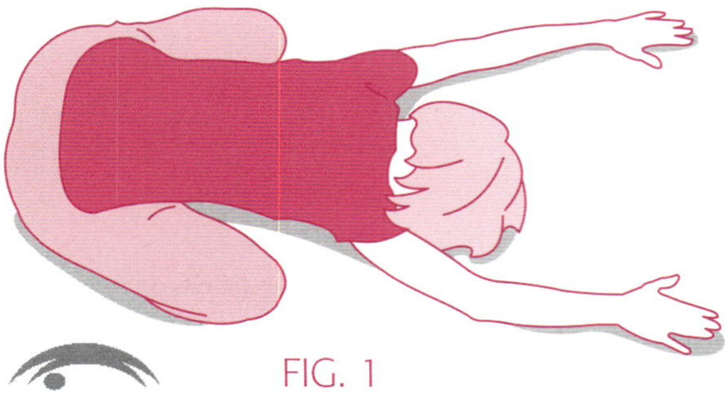

FIG. 1

FIG. 2

FIG. 3

Descrizione

L'esercizio della gemma apre la pelvi e la decomprime.

Scopo e benefici

- Rafforza e tonifica i muscoli della pelvi, utilizzando in particolare l'effetto della forza di gravità. In questa posizione, infatti, la contrazione avviene con il tronco sollevato e la spinta pelvica è maggiore.
- Decongestiona i tessuti degli organi, favorendo il flusso sanguigno e linfatico.

- Sblocca e rende elastica l'intera struttura pelvica – muscoli e legamenti articolari – e dona mobilità al bacino.
- Favorisce un'intensa apertura inguinale, agendo sia sull'articolazione coxo-femorale che sulle ginocchia.
- Il mantenimento di doppia arcuazione favorisce una buona elasticità alla colonna vertebrale.

Partenza

Assumi la posizione accovacciata a terra, con la fronte sul pavimento e le braccia distese oltre il capo (FIG. 1).

Esecuzione

- Tenendo le mani ferme a terra scivola in avanti con il capo che sfiora il pavimento. Senza spostare le gambe, inizia a inarcare adagio la schiena verso l'alto, con la testa indietro. I talloni si sollevano e si toccano. Il bacino, in questa posizione è aperto, ma non appoggia a terra (FIG. 2).
- Ora distendi completamente le gambe in divaricazione. La schiena è inarcata, le braccia leggermente piegate, per mantenere un appoggio rilassato del bacino sul pavimento (FIG. 3).

  ~ Fai delle contrazioni pelviche (esercizio "La Perla" o "La Cerniera" o "I Bottoni" o "Il Dondolo") alternate a brevi rilassamenti pelvici.
- Per ritornare esegui la sequenza a ritroso. Tocca i talloni sollevando i polpacci e i piedi verso l'alto. Senti il bacino che si solleva un po' da terra (FIG. 2).
- Senza spostare le ginocchia, con una leggera spinta sulle braccia ritorna alla posizione accovacciata (FIG. 1).

  ~ Fai un rilassamento pelvico completo.

Visualizzazione

Visualizza il tuo bacino rilassato e in apertura, con i muscoli pelvici che si allungano e si distendono.

Respirazione

Il respiro è libero e fluido.

Ripetizioni e durata

- livello 1: fai 1 ripetizione, con un mantenimento da 3 a 5 respiri nella posizione con le gambe divaricate (FIG. 3).

- livello 2: fai da 1 a 3 ripetizioni, con un mantenimento da 3 a 5 respiri nella posizione con le gambe divaricate (FIG. 3).
- livello 3: fai 3 o più ripetizioni, con un mantenimento da 5 o più respiri nella posizione con le gambe divaricate (FIG. 3).

Accorgimenti e difficoltà

- Esegui il movimento lentamente.
- Questo è un esercizio avanzato, consigliato a chi è già allenata nei movimenti sul bacino. Va evitato in caso di ernie discali, infiammazioni muscolari e articolari all'area lombare e alle ginocchia.
- Le braccia non devono mai distendersi completamente, ma restare leggermente piegate. In questo modo sia la pelvi che i muscoli dorsali restano più rilassati. La distensione delle braccia, infatti, non permette di mantenere il bacino in completo appoggio sul pavimento: il tratto lombare si irrigidisce, causando fastidiose tensioni.

IL GUSCIO

Difficoltà: livello 3

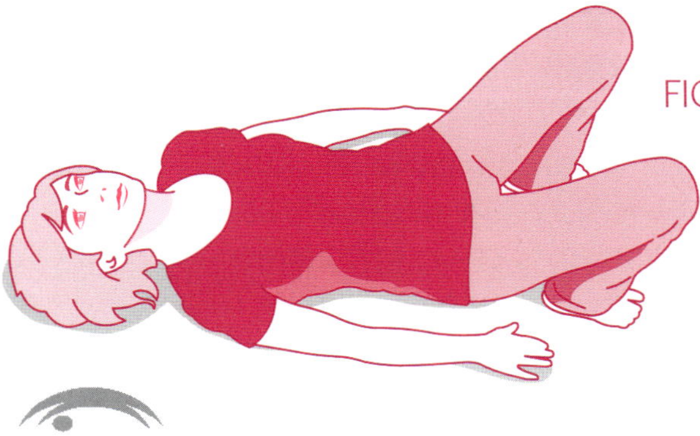

FIG. 1

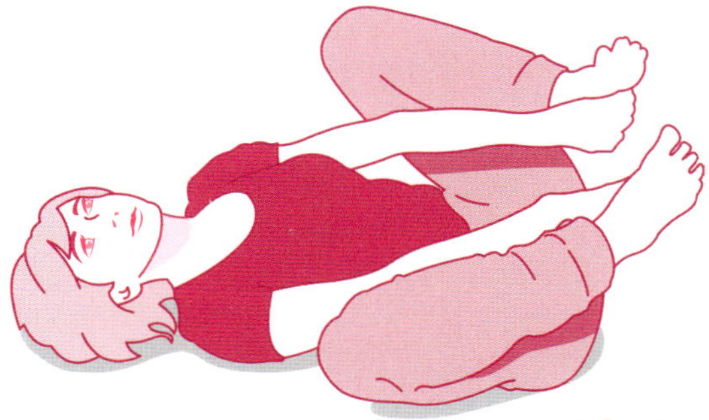

FIG. 2

FIG. 3

Descrizione Il guscio apre intensamente la pelvi, liberandola dalle contratture.

Scopo e benefici

- Rinforza e tonifica tutto il pavimento pelvico.
- Stimola la circolazione pelvica sia sanguigna che linfatica, e drena scorie e tossine riossigenando i tessuti interni.
- Allevia compressioni e tensioni agli organi. È molto indicato in caso di prolassi, di congestioni durante il ciclo mestruale e per chi tende a mantenere il bacino molto chiuso e contratto, anche durante il giorno.
- Aumenta l'elasticità articolare a livello inguinale e rende il portamento elastico e sciolto.

Partenza

Assumi la posizione distesa, con le gambe piegate. Il tronco appoggia completamente sul pavimento, le braccia sono distese lungo il corpo, i palmi delle mani a terra (FIG. 1).

Contatto

Crea un contatto per percepire la parte: appoggia le mani sull'addome e senti i muscoli e gli organi rilassati all'interno della pelvi.

Esecuzione

- Fletti le gambe e raccoglile al petto. Afferra i talloni dall'interno, le mani appoggiano sulle piante dei piedi (FIG. 2).
- Ora solleva le gambe verso l'alto. Le cosce sono sempre raccolte al petto e le gambe sono perpendicolari al tronco (FIG. 3).
- Espirando crea una leggera pressione verso il basso e cerca di portare le ginocchia verso terra.

  ~ Fai una contrazione pelvica (esercizio "La Perla" o "La Cerniera" o "I Bottoni" o, sei molto esperta, "Il Dondolo").
- Inspirando distendi leggermente verso l'alto, senza però staccare le mani.

  ~ Fai un breve rilassamento pelvico.
- Al termine avvicina i talloni all'inguine (FIG. 2).
- Ora libera le mani e ritorna nella posizione di partenza e rilassa il corpo (FIG. 1).

  ~ Fai un rilassamento pelvico completo.

Visualizzazione

Durante la posizione immagina – mentre premi con le mani sulle piante dei piedi – di sentire i muscoli distendersi all'interno della pelvi.

Respirazione

In questo esercizio la percezione del respiro è fondamentale. Mantieni l'attenzione sull'espirazione mentre spingi le ginocchia verso terra e sull'inspirazione mentre risali leggermente con le ginocchia.
Sarà così più facile avvertire lo stiramento dei legamenti delle articolazioni inguinali e, più all'interno, dei fasci muscolari pelvici.

Ripetizioni e durata

- livello 1: fai 3-5 respiri nella posizione statica (FIG. 3)
- livello 2: fai 5-10 respiri nella posizione statica (FIG. 3)
- livello 3: fai più di 10 respiri nella posizione statica (FIG. 3).

Variante: in posizione statica

Puoi eseguire l'esercizio anche mantenendo semplicemente la posizione statica, lasciando che le tue mani premano costantemente e gradualmente le ginocchia verso il basso. Il respiro sarà libero.
Fai delle contrazioni pelviche (esercizio "La Perla" o "La Cerniera" o "I Bottoni" o, sei molto esperta, "Il Dondolo") alternate a brevi rilassamenti pelvici.

Difficoltà: livello 3

IL VASO

FIG. 1

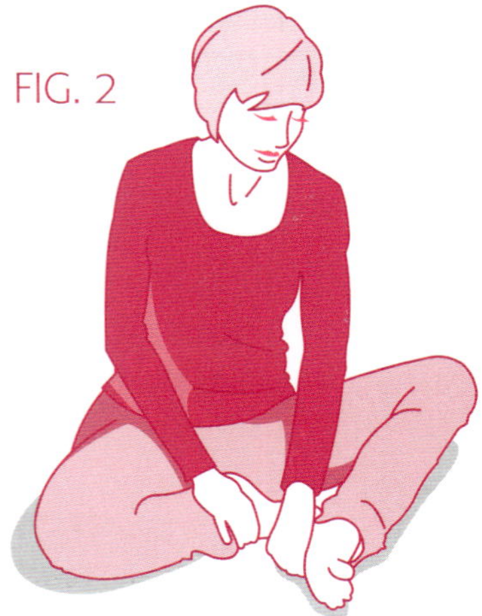

FIG. 2

FIG. 3

FIG. 4

FIG. 5

Descrizione

Il vaso è un esercizio in cui le contrazioni pelviche vengono fatte in equilibrio.

Scopo e benefici

- Stimola tutto il pavimento pelvico.
- Ha un'azione tonificante sugli organi interni.
- Aumenta l'elasticità della zona inguinale e dona mobilità al bacino.
- Agisce sull'equilibrio corporeo, migliorando la percezione e lo stato di consapevolezza. Favorisce quindi la concentrazione.

Partenza

Assumi la posizione seduta, a gambe incrociate. La schiena è diritta, le mani in appoggio sulle ginocchia (FIG. 1).

Contatto

Crea un contatto per percepire la parte: appoggia le mani agli inguini e sentili rilassati. Tocca il centro dell'addome e percepisci i muscoli e gli organi all'interno della pelvi.

Esecuzione

- Afferra con la mano destra il tallone destro e inizia a estendere la gamba lateralmente verso l'alto. L'altra mano appoggia sul piede sinistro (FIG. 2).
- Quando ti trovi con la gamba destra alla massima estensione, fai scivolare le dita dal tallone all'avampiede (FIG. 3).

   ~ Fai delle contrazioni pelviche (esercizio "La Perla" o "La Cerniera" o "I Bottoni") alternate a brevi rilassamenti pelvici.
- Torna alla posizione di partenza (FIG. 1).

   ~ Fai un rilassamento pelvico completo.
- Effettua ora lo stesso passaggio con la gamba sinistra (FIGG. 2 -3).
- Al termine rilassa la posizione, appoggiando le mani dietro la schiena, a 20-30 centimetri dal tronco. Le gambe restano flesse, abbandonate in apertura. Oppure distese, se ti senti più comoda (FIG. 4).

Visualizzazione

Durante la distensione della gamba visualizza la pelvi in equilibrio, come un vaso pieno d'acqua che cerchi di mantenere in piedi per non rovesciarlo.

Respirazione

Il respiro è libero e fluido in ogni passaggio.

Ripetizioni e durata

- livello 1: fai 3-5 respiri nella posizione nella posizione statica (FIG. 3)
- livello 2: fai 5-10 respiri nella posizione nella posizione statica (FIG. 3)
- livello 3: fai più di 10 respiri nella posizione nella posizione statica (FIG. 3).

Accorgimenti e difficoltà

- Puoi assumere la posizione anche mantenendo la gamba leggermente piegata. Non è obbligatorio distenderla completamente.

Cerca, per quanto possibile, di mantenere la schiena diritta e allineata.

Variante: con entrambe le gambe

- È una versione più avanzata. La posizione viene assunta con entrambe le gambe. Richiede un maggiore allenamento ed equilibrio.
- Afferra il tallone destro con la mano destra e il tallone sinistro con la mano sinistra. Estendi le gambe contemporaneamente, fin dove ti è possibile. Mantieni l'equilibrio sulle ossa ischiatiche e sul sacro (FIG. 5).

  ~ Fai le contrazioni pelviche (esercizio "La Perla" o "La Cerniera" o "I Bottoni") alternate a brevi rilassamenti pelvici.
- Ritorna nella posizione di partenza, portando a terra prima una gamba e poi l'altra, in flessione.
- Prosegui come descritto in "Esecuzione".

Gli esercizi di postura pelvica

Sapere come fare nel quotidiano

Più che esercizi sono piccoli accorgimenti quotidiani per non sforzare il pavimento pelvico. I benefici sono tanti: se la pelvi è a rischio – a causa di patologie e disturbi – si evita di comprometterla; se la pelvi è sana la si protegge.

Gli esercizi di postura pelvica indicano come fare quando si devono sollevare pesi o trasportarli oppure nel caso di colpi di tosse. Si impara a utilizzare la contrazione pelvica per contrastare la pressione intra-addominale, che in questi casi aumenta considerevolmente.

Difficoltà: livello 1

LA POSTURA: quando si solleva un peso

FIG. 1

FIG. 2

Descrizione

È la postura corretta da effettuare quando si solleva e si trasporta un peso.

Scopo e benefici

- Permette di non sforzare troppo il pavimento pelvico e favorisce il sostegno degli organi.

- È indicata per non indebolire ulteriormente la struttura pelvica, in caso di disfunzioni organiche e patologie, per esempio prolassi, interventi recenti o casi di incontinenza urinaria o fecale.
- È utile come prevenzione, per mantenere il pavimento pelvico forte e sano, specialmente per chi esegue lavori pesanti.

Esecuzione

- Piega leggermente le gambe e abbassati con le braccia afferrando il peso. La schiena resta allineata, non incurvata (FIG. 1).

  ~ Fai una contrazione pelvica (esercizio "La Perla", o eventualmente "La Cerniera") appena inizi a sollevare il peso.
- Trasporta il peso mantenendo la contrazione per quanto possibile. Fai un breve rilassamento quando non riesci più a mantenerla e poi riprendila subito (FIG. 2).

  ~ Al termine fai un rilassamento pelvico.

Avvertenze e difficoltà

È importante mantenere la contrazione per tutta la durata dello sforzo. Se la perdi, come specificato, riprendila prima possibile.

Difficoltà: livello 1

LA POSTURA: quando si tossiche o starnutisce

FIG. 1

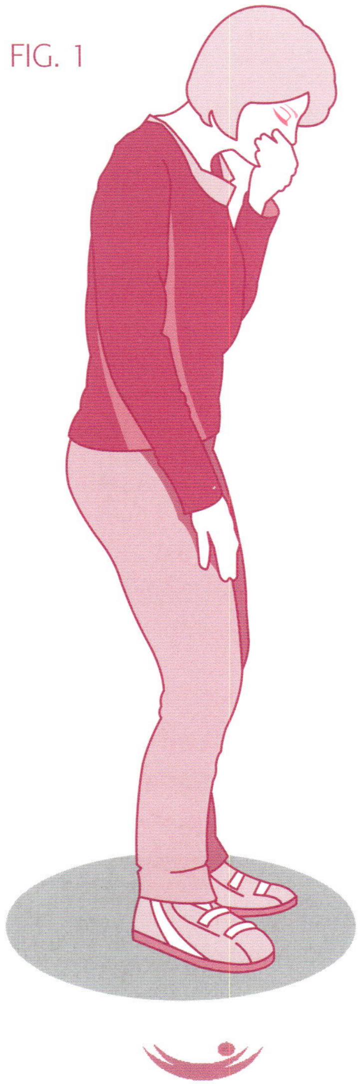

Descrizione

È l'azione di contrazione pelvica da effettuare quando si tossisce o si starnutisce.

Scopo e benefici

- Permette di non sforzare troppo il pavimento pelvico e aiuta il sostegno degli organi.
- È indicato specialmente per chi ha il pavimento pelvico debole e può avere perdite di urina anche solo con un colpo di tosse o uno starnuto.

Esecuzione

- Quando arriva il colpo di tosse o lo starnuto, se sei in piedi piega leggermente le gambe (FIG. 1).

 ~ Fai una contrazione pelvica mentre tossisci o starnutisci (esercizio "La Perla", o eventualmente "La Cerniera").

 ~ Fai un rilassamento pelvico al termine, quando ti riporti in posizione allineata.

Gli esercizi di distensione e rilassamento pelvico

Per sensazioni piacevoli

Questi esercizi si utilizzano tra un gruppo di esercizi e l'altro, per distendere. Oppure a fine sessione, per rilassare.

Offrono sensazioni piacevoli: ti aiutano a prendere coscienza del lavoro fatto e ti permettono di estendere il beneficio dell'azione pelvica a tutto il corpo, donando serenità.

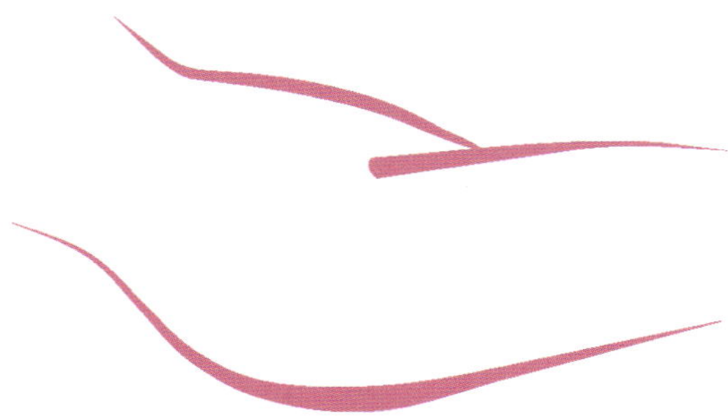

Difficoltà: livello 1

DISTENSIONE DELL'AREA PELVICA

FIG. 1

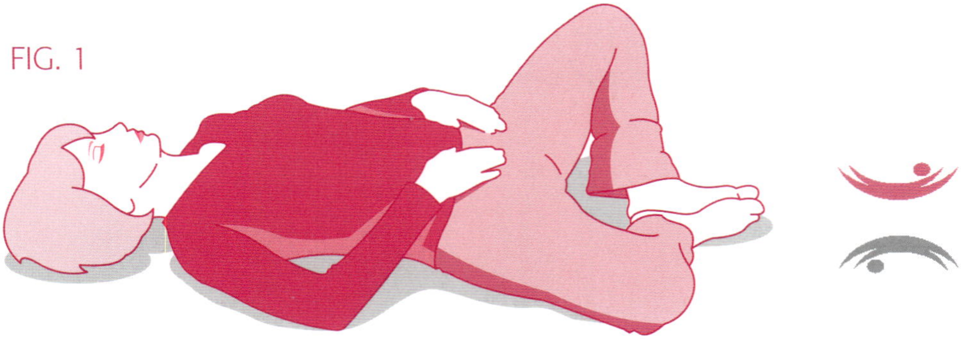

FIG. 2

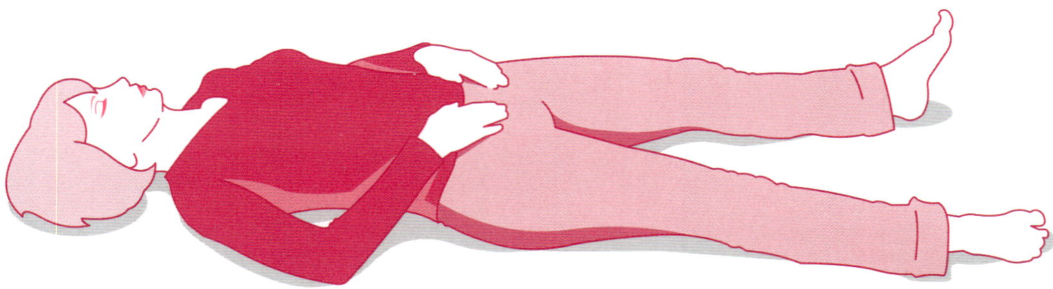

Descrizione

È una distensione dell'area pelvica e inguinale.

Scopo e benefici

- Toglie rigidità e tensione alla zona del bacino e a quella inguinale.
- È indicata dopo le posizioni di compressione pelvica, perché crea un senso di apertura e leggerezza.

Partenza

Mettiti in posizione supina, piega le gambe e poi lasciale ricadere di lato, in una divaricazione completa. Le piante dei piedi sono a contatto tra loro. Le mani sono appoggiate sulle ossa iliache (FIG. 1).

Esecuzione

- Resta nella posizione avvertendo la distensione degli inguini e l'apertura del pavimento pelvico.

  ~ Se vuoi fai delle contrazioni pelviche (esercizio "La Perla o "La Cerniera" o "I Bottoni") alternate a brevi rilassamenti pelvici.

  ~ Concludi con un rilassamento pelvico completo.
- Fai scivolare le gambe distendendole leggermente divaricate. Quindi ritorna nella posizione seduta (FIG. 2).

Respirazione

Respira liberamente in modo ampio e fluido.

Durata e frequenza

Da 5 a 30 respiri.

Difficoltà e avvertenze

Non mantenere questa distensione troppo a lungo se non sei abituata all'apertura inguinale.

Difficoltà: livello 1

DISTENSIONE A GAMBE ALTERNATE

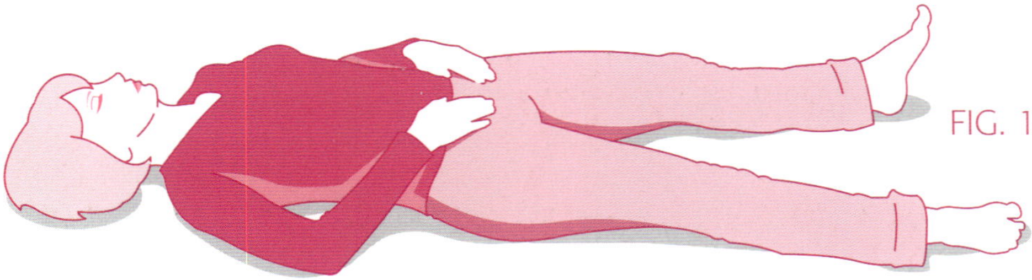

FIG. 1

FIG. 2

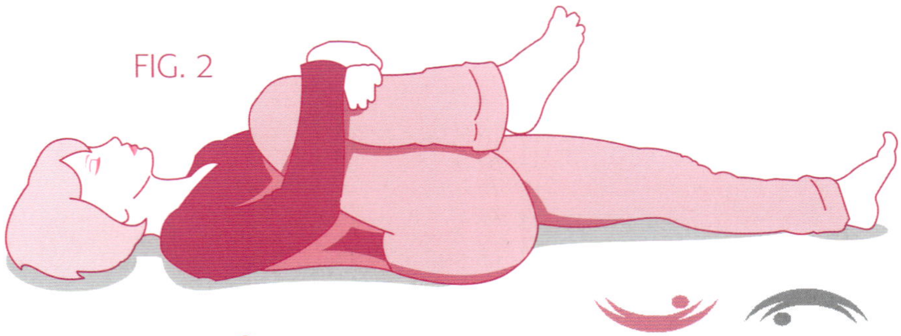

FIG. 3

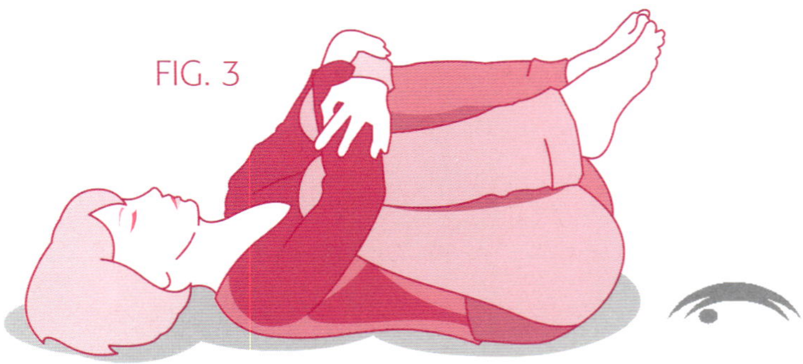

Descrizione

È una distensione alternata, con la raccolta di una gamba e poi dell'altra.

Scopo e benefici

- Allevia le tensioni e le rigidità muscolari e articolari della pelvi e del tratto lombo-sacrale.
- È molto benefica per chi soffre di disturbi e patologie vertebrali.
- Favorisce una distensione ottimale grazie alla lieve compressione esercitata dalle braccia sul tronco.
- Massaggia in alternanza gli organi contenuti nella pelvi.
- È indicata per chi ha difficoltà a raccogliere o a distendere completamente il corpo a terra, soprattutto in caso di deviazioni alla colonna vertebrale.

Esecuzione

- Mettiti in posizione distesa supina, con le mani sull'addome (FIG. 1).
- Ora fletti una gamba verso il petto e circondala con le braccia, senza contrarre troppo le spalle. Avverti la progressiva distensione del tronco e della schiena, che sono ben aderenti al suolo. Puoi chiudere gli occhi e concentrarti sulle sensazioni di distensione (FIG. 2).

  ~ Se vuoi fai delle contrazioni pelviche (esercizio "La Perla o "La Cerniera" o "I Bottoni") alternate a brevi rilassamenti pelvici.

- Ora fletti entrambe le gambe sul petto e circondale con le braccia (FIG. 3).

  ~ Fai un rilassamento pelvico completo.
- Alterna sull'altra gamba, con le stesse modalità.

Respirazione

Il respiro è libero e rilassato.

Durata e frequenza

Da 5 a 10 respiri per gamba.

Difficoltà e avvertenze

Se avverti che il capo resta troppo inarcato, utilizza un piccolo cuscino.

Variante: con entrambe le gambe

Raccogli all'addome tutte e due le gambe insieme. Circondale con le braccia e unisci le mani, premendo leggermente sull'addome.

Difficoltà: livello 1

IL RILASSAMENTO PELVICO

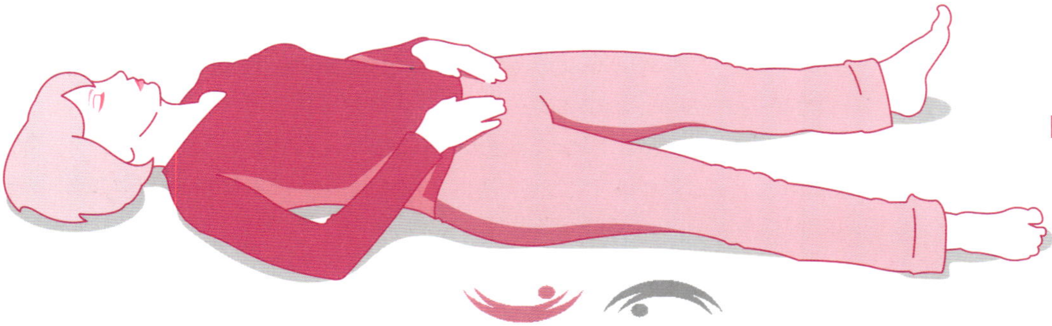

FIG. 1

Descrizione

È un rilassamento completo focalizzato sulla pelvi. Nei corsi di Gymintima questo rilassamento viene guidato con la musica, in tutte le sue fasi. Qui trovi una descrizione riassuntiva.

Scopo e benefici

- Distende e rilassa il corpo e l'area pelvica.
- Favorisce la tranquillità della mente.
- Aiuta a interiorizzare la percezione del bacino.

Partenza

Posizione supina. Gambe distese, leggermente divaricate, con i piedi che cadono di lato. Le mani sono sull'area pelvica (FIG. 1).

 ~ Esegui alcune contrazioni pelviche (esercizio "La Perla" o "La Cerniera" o "I Bottoni"). Concludile con un rilassamento pelvico completo.

Esecuzione

- Inspira profondamente e quando espiri sentiti completamente rilassata. Avverti il contatto con la superficie di appoggio.
- Prosegui ora con la respirazione: inspira ancora profondamente e, a ogni espiro, percepisci il rilassamento delle diverse parti del corpo.
- Inspira e mentre espiri senti l'addome e tutta l'area pelvica che si rilassano.

- Inspira e mentre espiri senti la gamba sinistra che si rilassa.
- Inspira e mentre espiri senti la gamba destra che si rilassa.
- Inspira e mentre espiri senti il braccio sinistro che si rilassa.
- Inspira e mentre espiri senti il braccio destro che si rilassa.
- Inspira e mentre espiri senti la schiena che si rilassa.
- Inspira e mentre espiri senti il torace che si rilassa.
- Inspira e mentre espiri senti il viso che si rilassa.
- Ora porta l'attenzione alla zona pelvica. Avverti il contatto e il leggero calore delle tue mani sul ventre e sentilo rilassarsi. Percepisci il leggero movimento addominale dato dal respiro.
- Quando lo desideri, ritorna a prendere coscienza del tuo corpo. Muovi leggermente le mani, poi i piedi, quindi le gambe. Allunga le braccia oltre il capo e stirati gradualmente.
- Girati lentamente su un fianco e riportati con calma nella posizione seduta.

Durata e frequenza

- Durata: da un minimo di 5 minuti a un massimo di 15-20 minuti.
- Frequenza: consigliato alla fine di ogni sessione di esercizi. O a piacere.

Accorgimenti e difficoltà

- In caso di tensioni o contratture dell'area cervicale, esegui la tecnica di rilassamento con un piccolo cuscino sotto il capo.
- Verifica che la colonna vertebrale non sia troppo inarcata a livello lombare. Se così fosse utilizza un cuscino sotto le ginocchia.

Le risposte

Le difficoltà

Ci riuscirò?

Gymintima, come ogni altro metodo, può presentare delle difficoltà. Per ridurle e superarle con facilità, in questa sezione trovi elencate quelle principali. Sono presentate sotto forma di domanda, proprio come vengono poste durante i corsi di Gymintima, per rendere più "viva" la risposta.

«Il mio test pelvico è disastroso». Hai eseguito il test e ti sei ritrovata a dire: «Ma il mio pavimento pelvico è davvero sottotono. Non pensavo proprio!».

Se le tue condizioni di partenza non sono le migliori non scoraggiarti!

Quando eseguirai gli esercizi per la prima volta potrai pensare di non farcela, ma non è così. L'esperienza di tante donne che hanno praticato Gymintima lo ha confermato: in breve i risultati si sentono. Ogni volta che esegui gli esercizi, i muscoli si rafforzano sempre di più, indipendentemente dal tuo avvilimento. Quindi prosegui e ti accorgerai che lo scoraggiamento iniziale non aveva senso.

Se il tuo pavimento pelvico inizialmente è piuttosto debole è importante osservare questi accorgimenti:

- *evita gli esercizi con i muscoli addominali*: lo sforzo, in questo caso, potrebbe aggravare ulteriormente le condizioni del pavimento pelvico;
- *allenati con gradualità, evitando di eccedere*: i muscoli pelvici potrebbero affaticarsi troppo.

«Non sento». Alcune donne praticando inizialmente gli esercizi di Gymintima, condividono:

«Non sento i muscoli pelvici. Mi sembra di non averli».

«Non sento la pelvi... Sento muovere solo le gambe».

«Non riesco a percepire nessun movimento. Il bacino è insensibile...».

Se succede che senti poco o niente vai comunque avanti. Non abbatterti! Il pavimento pelvico, inizialmente, spesso è sottotono: quindi è normale "non sentire".

Anche in questo caso, puoi aiutare la percezione con il contatto della tua mano. Ricorda che una stimolazione volontaria del pavimento pelvico determina la "chiusura" di vagina e ano. È quello che avverti durante gli esercizi di contrazione.

Tocca con il dito il centro tendineo del perineo. Lo ricordo, è la grossa formazione tendinea posta tra l'ano e la vagina. Quasi tutte le fibre muscolari del pavimento pelvico prendono contatto con questa parte. Lo sentirai risalire leggermente verso l'alto. A livello vaginale e anale sentirai invece un movimento di "risucchio" verso l'interno della pelvi.

Le contrazioni pelviche, per quanto potenti, sono pur sempre movimenti fini del corpo. Contrarre il muscolo pubo-coccigeo non è come contrarre – ad esempio – il muscolo bicipite del braccio, che vediamo gonfiarsi sotto i nostri occhi e possiamo toccare agevolmente. Sentirlo è facile. Ma la percezione pelvica, per attivarsi, ha bisogno di essere guidata. È un uso del nostro corpo che ci viene insegnato, inizialmente. Poi tutto diventa naturale. Continuando ad allenare questa importante parte del corpo, prima dimenticata, tornerai a percepirla. E non occorrerà molto tempo.

«È difficile contrarre i muscoli pelvici». È vero. All'inizio contrarre i muscoli pelvici può essere difficile. Sono muscoli che la maggior parte delle donne non è abituata a percepire e tantomeno a muovere. Alcune addirittura non sanno neanche di averli! È normale quindi che risulti difficile contrarli.

Ma è un ostacolo facilmente superabile.

Una causa importante della difficoltà a contrarre i muscoli è l'atonia pelvica. All'inizio a volte i muscoli sono così deboli che non riescono proprio a muoversi. Si avverte solo un minuscolo tremore, dato dallo sforzo di creare la contrazione. Ma niente di più. I muscoli sono flaccidi e quindi occorre un po' di tempo affinché riprendano tono.

«Non si contraggono solo i muscoli pelvici ma anche gli altri». Alcune donne dicono: «Quando lavoro con i muscoli pelvici sento che coinvolgo anche altri muscoli vicini. Mi sembra che per muovere il pavimento pelvico debba per forza contrarre gli addominali, o i muscoli delle cosce, o i glutei».

Agli inizi è molto frequente. Ma anche questa situazione scompare quando i muscoli pelvici si irrobustiscono e diventano capaci di contrarsi autonomamente. La difficoltà qualche volta si risolve velocemente. Altre volte richiede un po' più di tempo: l'importante è non smettere di allenarsi.

«Ho un momento di stasi». Dopo un certo periodo di allenamento ci si può ritrovare a dire: «Mi sembra di essere entrata in un momento di stasi, come se i miei muscoli pelvici non rispondessero più».

In qualsiasi tipo di allenamento muscolare, dopo un certo tempo si può verificare un momento di "stasi": i muscoli sembrano non rispondere alla sollecitazione e non progredire più nella tonificazione. Si tratta di un normale effetto fisiologico in cui c'è un adattamento del muscolo alla nuova condizione.

In questo momento è particolarmente importante continuare l'allenamento: l'azione di stimolazione, anche se meno evidente, è comunque presente. Anche se non ti sembra di notare progressi, i tuoi muscoli continuano ugualmente a irrobustirsi.

I dubbi e le domande

Perché mi succede?

Nell'esecuzione di Gymintima, come per qualsiasi pratica, possono insorgere dei dubbi. Ecco quelli principali, sempre riportati sotto forma di domanda.

«Mi è più difficile contrarre i muscoli pelvici tenendo le gambe divaricate. Se le tengo incrociate mi riesce più facile. Perché?» Perché quando la contrazione pelvica avviene a *gambe incrociate*, insieme al pavimento pelvico intervengono anche i muscoli addominali e quelli interni delle cosce. Nella posizione a *gambe divaricate* invece la contrazione pelvica avviene senza l'intervento di altri gruppi muscolari: è più localizzata.

Se all'inizio i muscoli pelvici sono piuttosto deboli è quindi normale avvertire meglio la contrazione incrociando le gambe. Una volta irrobustiti, saranno in grado di contrarsi in maniera autonoma, senza il sostegno degli altri.

A mano a mano che riuscirai a distinguere meglio la contrazione, prova a divaricare le gambe un po' per volta, fino a riuscire a ottenere una contrazione intensa anche in questa posizione.

«Perché durante gli esercizi a volte sento tremare i muscoli delle gambe o dell'addome?» Di solito questo accade quando i muscoli compiono un lavoro a cui non sono abituati, sia come entità di sforzo che come tipologia di movimento. È quindi una questione di allenamento.

In caso di tremolio, continua gli esercizi senza però aumentare le ripetizioni, fino a quando questo effetto sui muscoli non si verificherà più.

«In che modo posso essere sicura di eseguire gli esercizi in maniera corretta?» Nell'apprendere un nuovo esercizio è molto importante eseguirlo lentamente, senza preoccuparsi del numero di ripetizioni. Se l'esercizio si compone di più movimenti diversi, è bene imparare prima ogni singolo movimento e solo poi ripeterli tutti insieme.

Se non hai partecipato a un corso live o visionato un video-corso di Gymintima, leggi attentamente le schede degli esercizi riportate in questo libro e osserva le illustrazioni. Inizialmente puoi anche utilizzare uno specchio, per verificare la correttezza dell'esecuzione o chiedere a un'amica di aiutarti nella verifica.

«Trovo certi esercizi molto faticosi per me. Di alcuni non riesco nemmeno a fare il numero minimo di ripetizioni». Seguendo l'ordine degli esercizi consigliato, cioè dai più semplici ai più complessi, e passando agli esercizi di livello superiore solo dopo aver appreso il precedente, non dovrebbero esserci problemi.

Riguardo agli esercizi più faticosi tuttavia, comincia dal numero di ripetizioni minimo e col tempo cerca di aumentarlo.

«Se per qualche motivo devo interrompere il programma, cosa succede?» È preferibile non interrompere l'allenamento per poter ottenere maggiori risultati in minor tempo. Se l'interruzione è però inevitabile, appena possibile riprendi l'allenamento abituale: riparti da un livello inferiore rispetto al precedente, oppure esegui un numero inferiore di ripetizioni.

«Pratico gli esercizi di Gymintima regolarmente, ma mi sembra di non vedere mi-

glioramenti. Come mai?» Se ti sembra di non notare risultati apprezzabili i motivi possono essere diversi:

- la tua muscolatura pelvica è *particolarmente debole* ed è quindi necessario, agli inizi, un allenamento intensivo o semplicemente un tempo un po' più lungo prima di ottenere i risultati. Continuando ad allenare i muscoli diventeranno robusti e capaci di contrazione intensa. Le ripetizioni necessarie saranno allora meno frequenti.
- Non stai praticando gli esercizi nel modo corretto. Spesso si "pensa" di muovere la muscolatura pelvica ma in realtà si muovono invece i muscoli addominali o delle cosce. In questo caso ti è utile prendere in considerazione un corso live o un video-corso di Gymintima, dove è più facile apprendere il metodo.
- Non stai seguendo il numero di ripetizioni ideale. Come già specificato inizialmente sono richieste almeno 200 contrazioni del pavimento pelvico al giorno.

Una partecipante ai nostri corsi mi raccontò che, dopo due mesi, non aveva avuto risultati. Indagando emerse che eseguiva solo 10 contrazioni del pavimento pelvico per 3 volte al giorno. Quando capì che era importante aumentare il numero delle contrazioni, in poche settimane la situazione migliorò notevolmente.

«Questo programma mi farà dimagrire?» Per dimagrire è necessario equilibrare l'alimentazione e fare movimento. Il programma da solo non è sufficiente a farti perdere peso: è importante anche mangiare meglio e svolgere attività fisica.

Tuttavia, migliorando la forza e il tono muscolare e riducendo il ristagno di liquidi, acquisisci comunque un aspetto più snello: i muscoli tonici modellano infatti il corpo. I movimenti di Gymintima inoltre esaltano la femminilità, migliorando e aggraziando la figura.

Ora tocca a te

Adesso è il tuo momento.

Il momento in cui puoi decidere di utilizzare la ginnastica intima per il tuo benessere.

Se, come penso, il metodo Gymintima ha fatto parte per un po' di tempo dei tuoi giorni o delle tue serate, vorrei lasciarti con

una domanda,

un augurio,

una speranza.

La domanda è: «Cosa pensi di fare adesso?».

Quello che hai letto è un testo pratico, forse stai pensando di utilizzarlo o forse lo stai già facendo.

Ma dopo?

Vuoi far diventare questo percorso utile e importante per te, facendolo diventare parte del tuo stile di vita?

La domanda era questa, e ora l'augurio.

Io mi auguro di sì.

È a questo che ho pensato quando scrivevo. All'operatività, alla concretezza, a un metodo stampato sulla carta che prende vita nei pensieri e nei corpi delle donne. Donne che diventano più sane, più armoniose, più belle, più sicure di se stesse, perché in contatto con la propria intimità.

Penso alle donne che mettono segni sulle pagine, che si scrivono il loro programma, che prima si stupiscono e poi si rallegrano per i risultati ottenuti. Penso ai loro corpi femminili riscoperti, sentiti, amati. E mi auguro che continuino a sentirsi così.

E qual è la speranza?

La speranza è che da un piccolo seme possa germogliare una pianta rigogliosa. La speranza è che anche un piccolo passo fatto verso te stessa possa aprirti la strada verso altri passi, altri sentieri ancora inesplorati della tua femminilità. Verso quel mondo che ogni donna incarna e vive. Verso un'essenza che per ciascuna di noi è nutrimento e piacere.

Un caro saluto

Simona Oberhammer

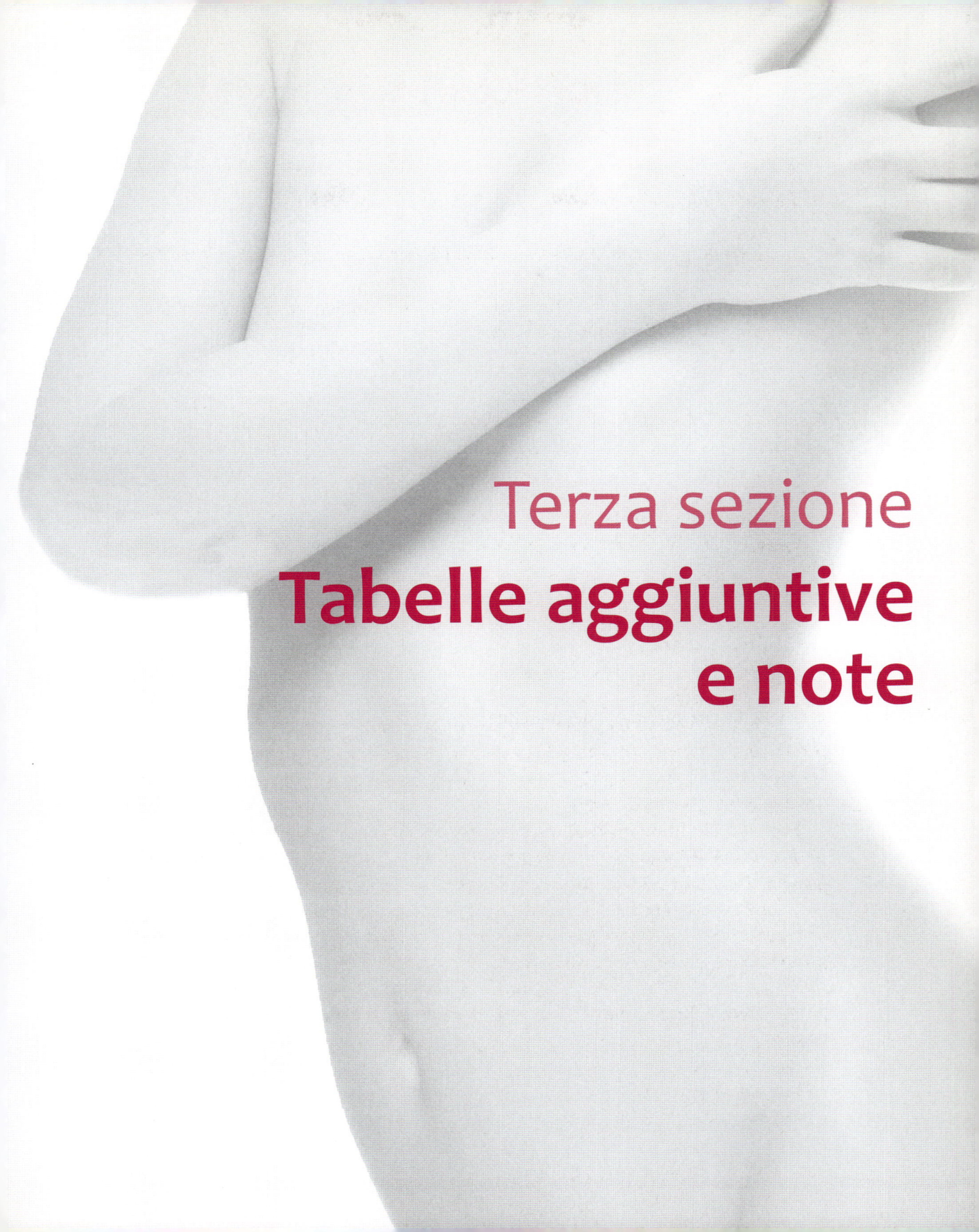

Terza sezione
Tabelle aggiuntive e note

Le tabelle aggiuntive

GLI ORGANI PELVICI
SEZIONE LATERALE

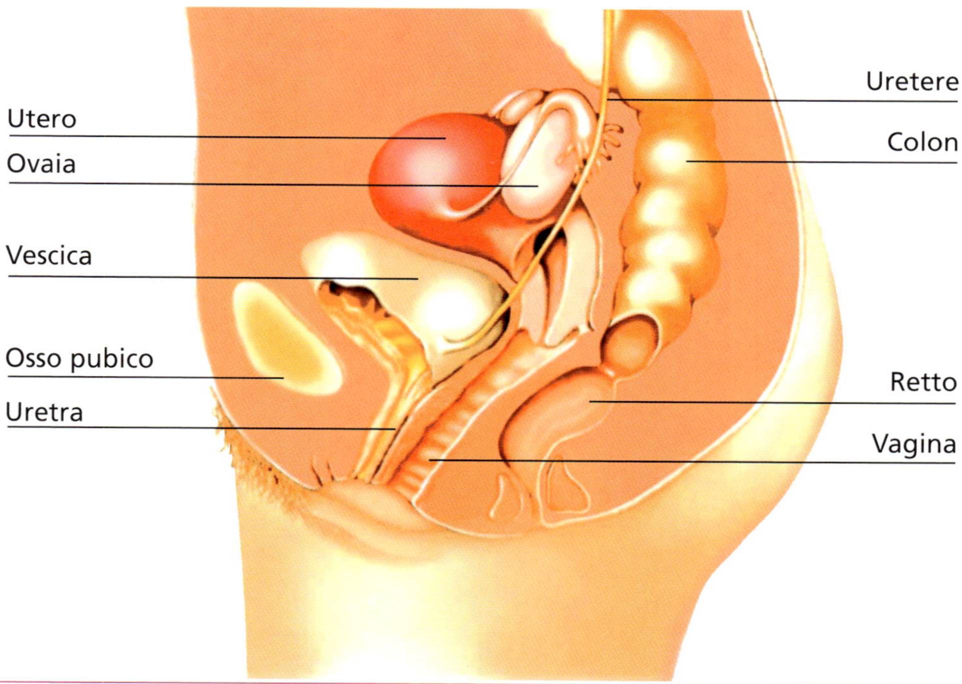

GLI ORGANI GENITALI
IN RAPPORTO ALLE OSSA

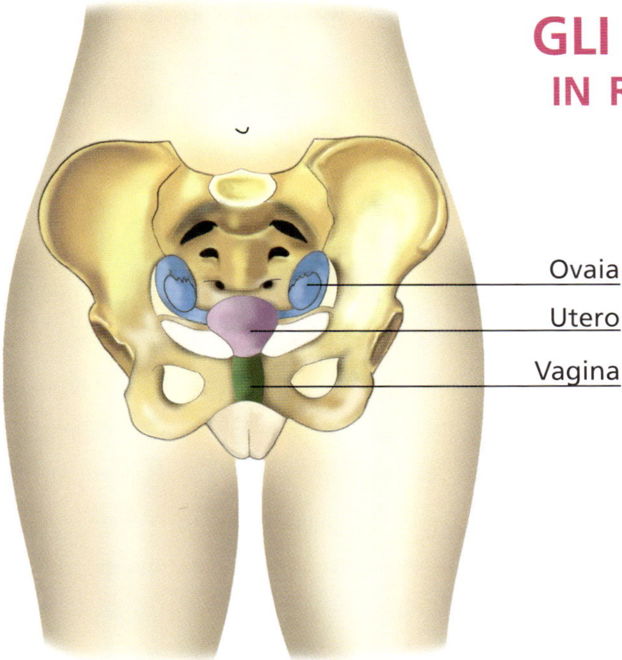

LE OSSA PELVICHE

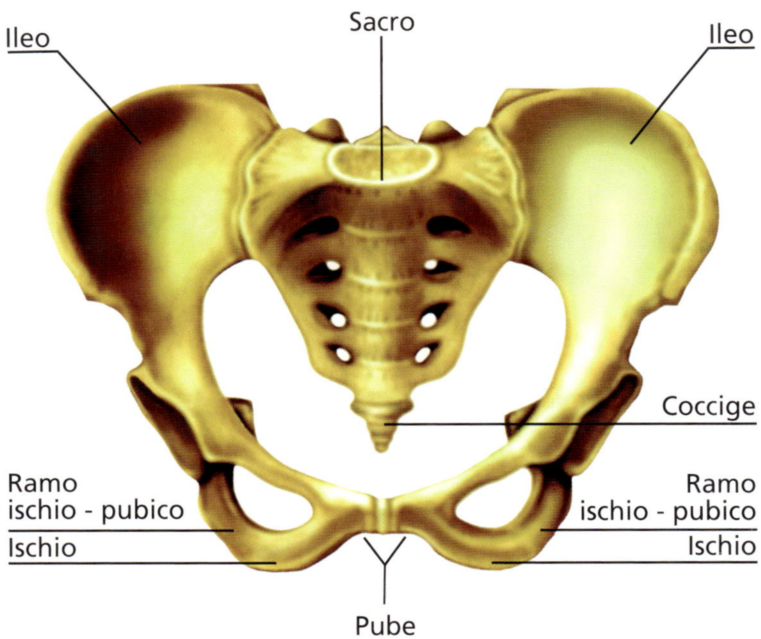

I DIVERSI STRATI MUSCOLARI

Gli strati muscolari

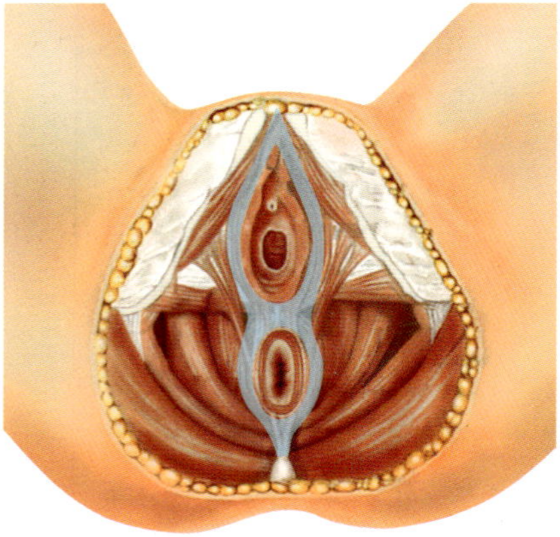

Il 1° strato:

LO STRATO MUSCOLARE SUPERFICIALE

È lo strato più esterno, subito sotto la cute, situato tra il pube e il coccige. Ha una forma a 8. Contrae l'orifizio dell'uretra, la vagina e l'ano.

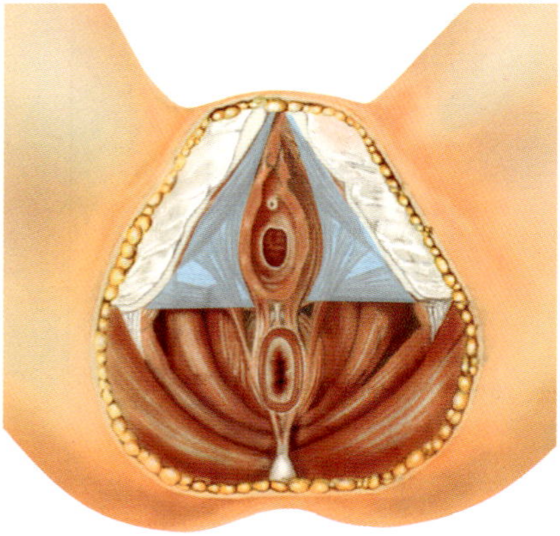

Il 2° strato:

LO STRATO MUSCOLARE INTERMEDIO

= *Diaframma uro-genitale / Trigono uro-genitale*

È lo strato intermedio situato tra i due strati superficiale e profondo, teso tra i due ischi e il pube. Ha una forma a triangolo. Stabilizza la pelvi e contrasta l'aumento di pressione intra-addominale

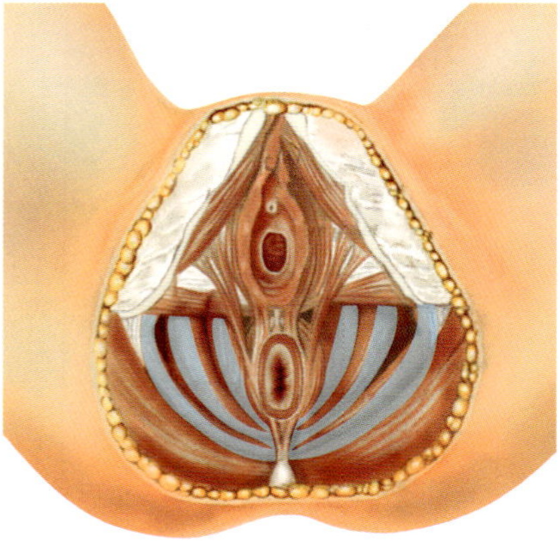

Il 3° strato:

LO STRATO MUSCOLARE PROFONDO

= *Diaframma pelvico*

È lo strato più interno che dal coccige si apre ai lati verso gli ischi e si unisce in avanti al pube. Ha una forma a ventaglio. Sostiene gli organi interni.

I muscoli pelvici

Lo strato superficiale comprende i seguenti muscoli:

- Muscolo bulbocavernoso
  = *muscolo bulbospongioso*
  È situato nella zona anteriore del pavimento pelvico.
  Regola l'apertura e la chiusura dell'orifizio uretrale.
- Muscolo sfintere anale
  = *sfintere dell'ano / sfintere esterno dell'ano*
  È situato nella zona posteriore del pavimento pelvico.
  Avvolge l'ano e ne regola l'apertura e la chiusura.

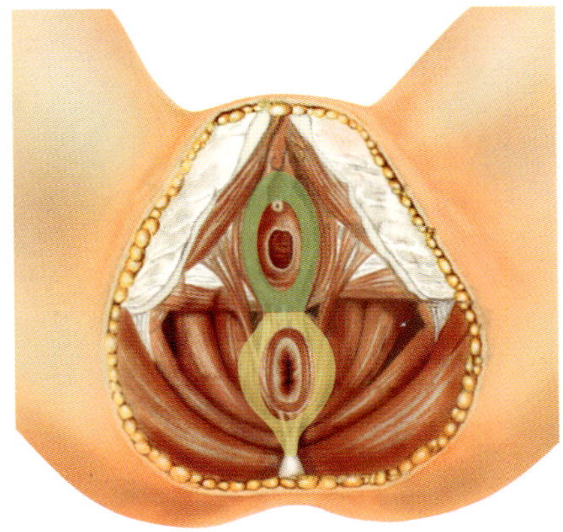

Lo strato intermedio comprende i seguenti muscoli:

- Muscolo ischiocavernoso
  È un fascio muscolare diretto dall'ischio al pube.
  È un muscolo doppio.
  Nella donna i due ischiocavernosi giungono fino ai lati della clitoride e nell'uomo si inseriscono sui corpi cavernosi del pene.
- Diaframma uro-genitale, composto dai muscoli:
  - Muscolo sfintere striato dell'uretra
    = *sfintere dell'uretra*
    È un muscolo a forma di manicotto che circonda l'uretra e in parte la vagina, nella donna e la prostata, nell'uomo.
  - Muscolo trasverso del perineo profondo
    = *muscolo del perineo trasverso profondo*
    È una lamina muscolare che forma la parte inferiore del diaframma uro-genitale.
  - Muscolo trasverso del perineo superficiale
    = *muscolo del perineo trasverso superficiale*
    È una lamina muscolare che forma la parte superiore del diaframma uro-genitale.

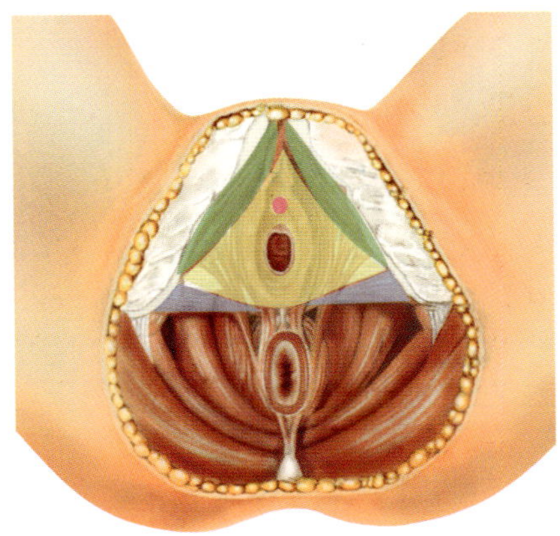

Lo strato profondo comprende i seguenti muscoli:

- Muscolo elevatore dell'ano
  È il principale muscolo dello strato profondo.
  Situato tra il pube e il coccige, è attraversato dagli sbocchi dell'apparato digerente, genitale e urinario.
  Comprende i seguenti muscoli:
  - muscolo ileo-coccigeo,
  - muscolo pubo-coccigeo,
  - muscolo pubo-rettale.

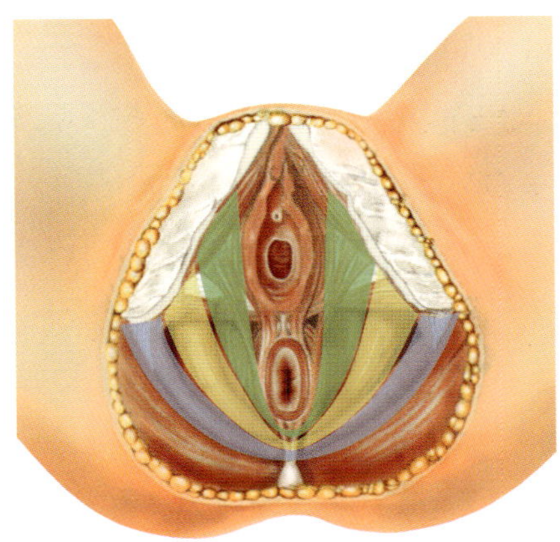

LE DIVERSE OSSA PELVICHE

ILEO
(Ileo destro e sinistro)

= *Osso iliaco*

L'ileo è l'osso più ampio della pelvi e ne occupa la parte superiore. Possiamo sentirlo appoggiando le mani sui fianchi.

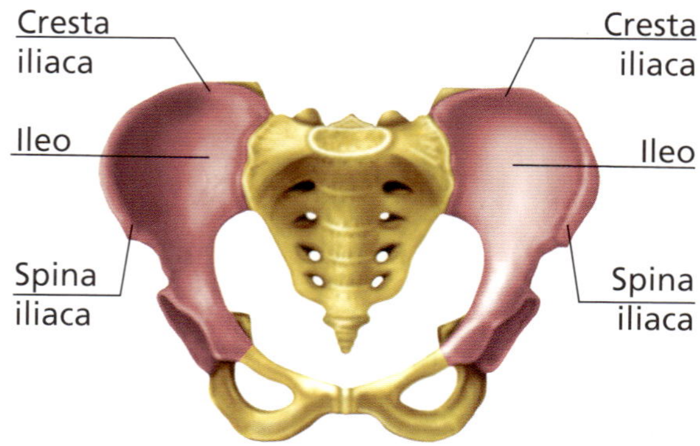

ISCHIO
(Ischio destro e sinistro)

L'ischio si trova alla base della pelvi e si prolunga in avanti fino a incontrare il pube. Possiamo sentirlo quando stiamo seduti.

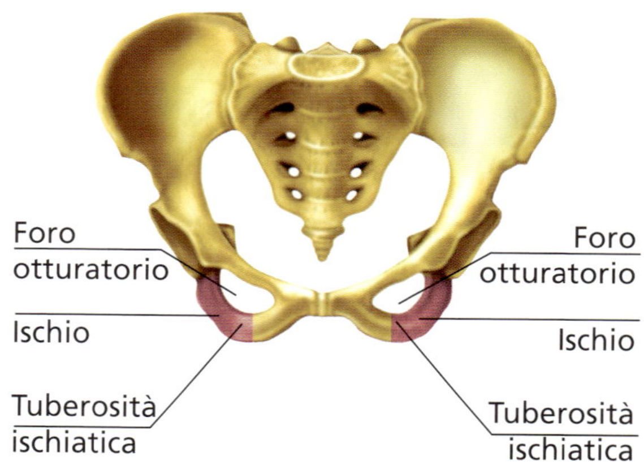

RAMO ISCHIO-PUBICO
(Ramo ischio-pubico destro e sinistro)

= *Branca ischio-pubica*

Il ramo ischio-pubico con la sua forma ad arco collega l'ischio al pube.

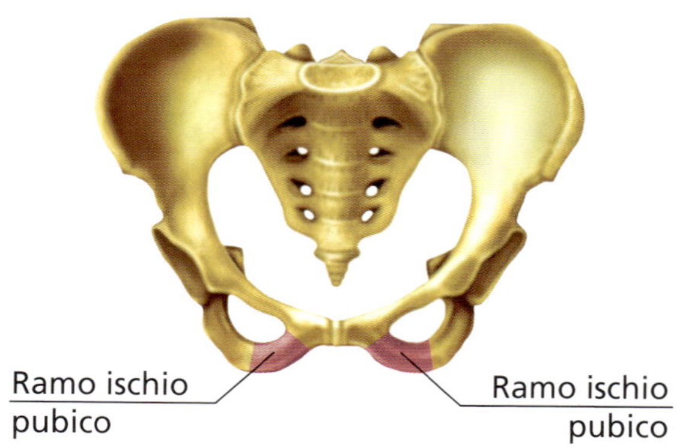

PUBE

= *Osso pubico*

Il pube forma il margine anteriore della pelvi. È costituito da due parti ossee che chiudono la pelvi in avanti, articolandosi con la sinfisi pubica. Possiamo sentirlo sotto il "monte di Venere".

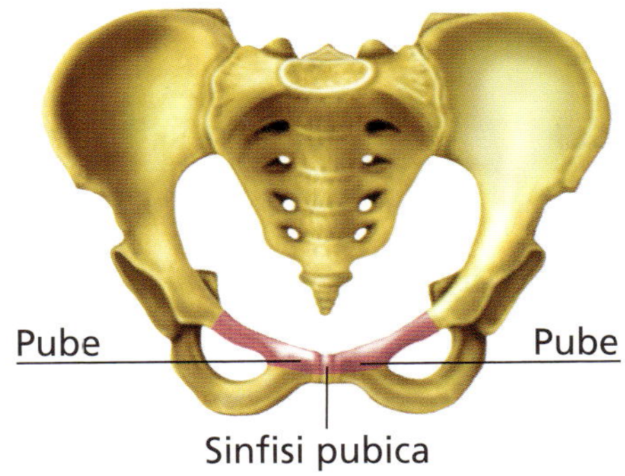

SACRO

= *Osso sacro*

Il sacro è situato alla base della colonna vertebrale, nella zona posteriore della pelvi. È l'osso piatto e largo che possiamo sentire portando la mano alla colonna vertebrale.

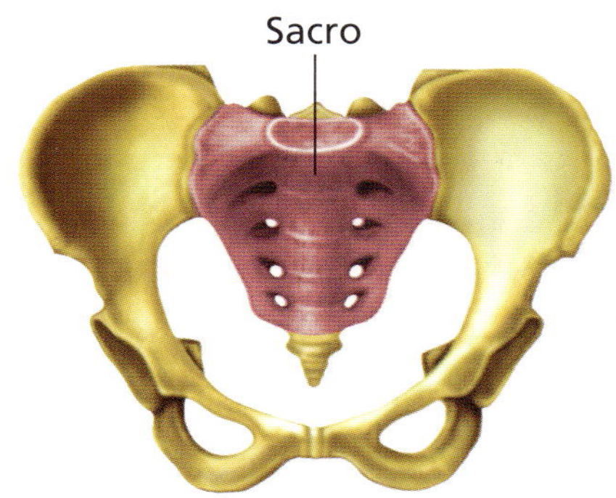

COCCIGE

Il coccige è situato sotto il sacro. È la piccola appendice ossea, sottile e sporgente, che si percepisce tra le natiche.

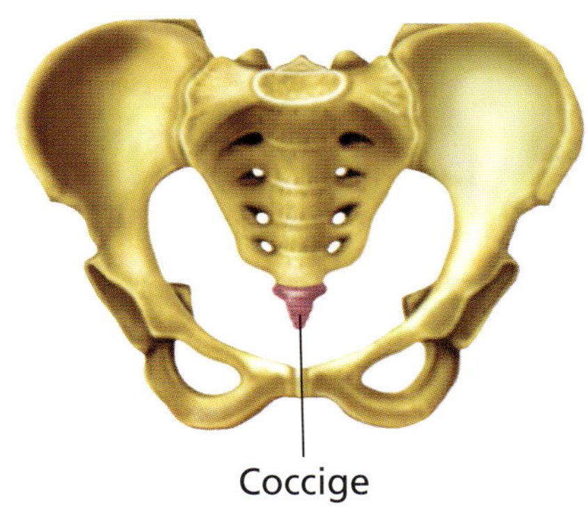

Scopri di più sul metodo Gymintima e sull'Autrice

✓ Chi è Simona Oberhammer

Simona Oberhammer ha seguito un percorso nell'ambito del femminile con una Maestra, Mila Raisse, una donna che proveniva da un'antica tradizione. Questo percorso personale, durato tanti anni, l'ha portata a creare la Via Femminile e a lavorare con le donne.

Se la Via Femminile è la sua passione, la Naturopatia invece è la sua professione. Ha operato per anni come ricercatrice indipendente e ha effettuato i suoi studi e le sue ricerche nell'ambito delle discipline olistiche internazionalmente in diversi Paesi quali Stati Uniti, Germania, Inghilterra, Austria. Si è specializzata in nutrizione e bioterapie (USA). Da questa esperienza è nato il metodo Naturopatia Oberhammer®.

Gli studi, le ricerche internazionali e il percorso personale sono stati la base per l'elaborazione e la creazione di nuovi sistemi e metodi terapeutici. I più importanti sono:

- La Via Femminile®, un percorso per le donne;
- Naturopatia Oberhammer®, naturalmente sani.

I metodi ideati sono stati inseriti dalla dottoressa Simona Oberhammer all'interno di una pluralità di forme espressive creative: grafica, scrittura, musica, video, disegno, oggettistica e simbologia.

La dottoressa Simona Oberhammer diffonde i suoi metodi in Italia e all'estero con eventi quali conferenze, seminari e corsi.

Gli indirizzi web di Simona Oberhammer sono:

www.simonaoberhammer.com
www.ginnasticaintima.it

Facebook Simona Oberhammer - la Via Femminile: www.facebook.com/simonaoberhammer

Facebook Naturopatia Oberhammer: www.facebook.com/naturopatiaoberhammer

Twitter Simona Oberhammer: www.twitter.com/simonaober

✓ I Metodi di Simona Oberhammer

- La Via Femminile®, un percorso per le donne;
- Naturopatia Oberhammer®, naturalmente sani.

✓ La Via Femminile®, un percorso per le donne

È un percorso dedicato alle donne e al risveglio delle loro potenzialità. Guida passo a passo nel vivere pienamente se stesse come donne dal punto di vista fisico, psichico e spirituale. Questo metodo ha lo scopo di favorire la conoscenza di se stesse e di scoprire e le proprie capacità. Per creare relazioni d'amore appaganti, per realizzarsi sul lavoro, per risolvere diversi problemi di salute, per essere una madre equilibrata, per migliorare le relazioni con gli altri, per portare entusiasmo e passione nella propria vita. Incontrando la propria anima femminile.

✓ Naturopatia Oberhammer®, naturalmente sani

È un programma che risolvere la malattia in modo naturale, evitando inutili sostanze chimiche. Per imparare a stare bene secondo natura, ritrovando benessere, vitalità e salute. È inoltre un metodo economico e semplice da applicare.

La Naturopatia Oberhammer è stata elaborata in più di vent'anni di esperienza e comprende solo le terapie e i rimedi con queste caratteristiche:

- *Efficacia*, per ottenere risultati da subito.
- *Facilità*, per migliorare il proprio benessere in modo semplice, alla portata di tutti.
- *Innocuità*, per evitare di incorrere nelle controindicazioni che anche i rimedi naturali possono causare.
- *Economicità*, per risparmiare e curarsi naturalmente a prezzi accessibili.

Scopri tutti i programmi su www.simonaoberhammer.com

I corsi e i video-corsi di Gymintima

- Apprendi insieme a Simona, con tutte le dimostrazioni pratiche, le tecniche di Gymintima.
- Impara l'armonia pelvica: con la musica e un'atmosfera piacevole e divertente il tuo corpo si libera e fluisce nella sua femminilità.
- Migliora o risolvi problemi e situazioni quali:
    - dolori mestruali
    - problemi ginecologici
    - menopausa difficile
    - sessualità problematica
    - gravidanza, parto e post-parto
    - fertilità e concepimento.
- Scopri la tecnica dell'**oleazione pelvica**: per mantenere sana l'area genitale e risolvere tanti piccoli disturbi ginecologici.
- Impara il Pelvimass, il massaggio pelvico efficacissimo per rilassare e risolvere tanti disturbi.

Tutti i programmi su www.ginnasticaintima.it

Altri libri di Simona Oberhammer

✓ La Forza delle Donne

Frasi e aforismi al femminile: per scoprire la forza che c'è dentro il proprio essere donna, per aumentare l'autostima, per trovare il coraggio di essere, per risvegliare la creatività, per amare davvero, per aprire le ali e volare, per ascoltare le parole dell'anima... percorrendo la Via Femminile.

Edizioni Olosophiche
Pagine: 96
Formato: 10x15

✓ Femminile Sconosciuto

Questo libro descrive il percorso al femminile che Simona ha seguito con Mila Raisse, la sua Maestra. È un percorso trasmesso da donna a donna, da una antica tradizione. Spiega perché le donne spesso si limitano e non ottengono l'amore, la soddisfazione e la felicità che meritano. E indica un modo nuovo per far emergere la propria forza, le proprie potenzialità e vivere una vita nutrita dalla passione. È un libro per le donne che "vogliono qualcosa di più", un percorso alla scoperta della propria anima, dove risiede la "donna che sa".

Edizioni Olosophiche
Pagine: 456
Formato: 10x15

✓ Codice DeU – Codice donna e uomo

Due mondi a confronto. Questo libro aiuta a conoscere i codici del femminile e del maschile. Per interagire armoniosamente con l'altro sesso: partner, figli, amici, colleghi. Metodo nuovo e subito efficace grazie anche all'utilizzo di schemi e illustrazioni.

Edizioni Olosophiche
Pagine: 364
Formato: 16x24

✓ Sygil – La simbologia segreta delle mani

Scoprire il segreto della simbologia delle mani. Questo libro illustra il più antico dei linguaggi: quello dei simboli. Attraverso le mani si viene a conoscenza dei segreti del femminile e del maschile.

Edizioni Olosophiche
Pagine: 328
Formato: 10x15

I libri possono essere acquistati sul sito www.simonaoberhammer.com

Note sulla bibliografia

I miei libri sono stati scritti in anni e anni di lavoro approfondito. In tutto questo tempo ho consultato migliaia di volumi e di articoli, effettuato ricerche di ogni tipo presso le università e gli istituti olistici, sia in Italia che all'estero.

Ma soprattutto i miei libri sono testi che provengono solo parzialmente dalle letture. Si ispirano infatti principalmente all'*esperienza.* Un'esperienza trascritta nel tempo. E arricchita di ricerche "dal vivo", raccogliendo i miei risultati e quelli delle tante persone che hanno sperimentato con me i miei metodi. L'ho fatto attraverso l'osservazione tipica della ricerca.

Riportare una bibliografica dei miei metodi è quindi molto relativo: ogni aspetto della vita – più che i testi stessi – è stato fonte di ispirazione.

Volevo comunque riportare dei dati bibliografici. Mi sono però trovata di fronte a due possibilità:

✓ includere una bibliografia dettagliata, di tutte le fonti;

✓ includere una bibliografia parziale.

La *prima opzione* sono stata costretta a scartarla: era impossibile da realizzare perché sarebbero state necessarie troppe pagine.

La *seconda opzione* mi sembrava riduttiva rispetto alla vastità del lavoro effettuato. Una bibliografia parziale non aveva senso. E poi come selezionarla? Gli studi scientifici e di ricerca sono stati tanti e ognuno ha apportato un contributo interessante.

Così, con un rapido processo di semplificazione, ho deciso di non pubblicarla. Però se il lettore è interessato a conoscerla, può visitare il mio sito e trovare tante informazioni aggiuntive e bibliografiche. O apportare commenti a riguardo.

Ringraziamenti

Ringrazio l'editore Giorgio Gustavo Rosso, che ha avuto fiducia nel mio libro e ha curato con attenzione la pubblicazione. Ringrazio anche i suoi collaboratori con cui mi sono trovata davvero bene, sia per la professionalità che per la gentilezza: Romina Rossi per il coordinamento editoriale e la revisione, Isabella Monti, per la parte amministrativa, Chiara Naccarato, per l'edizione francese, Denis Arcangeli per la copertina e il marketing, Laura Copelli per le illustrazioni degli esercizi.

Ringrazio Massimiliano Cirielli, di Macrolibrarsi, perché per primo ha creduto nel mio lavoro.

Ringrazio Emiliano Zanetti, dell'Istituto Olosophico, che porta avanti insieme a me il mio progetto.

Indice

Collana il Giardino di Eva

Robin Lim

Il Libro della Placenta

Il Chakra Dimenticato - Come far nascere senza traumi e in salute il proprio bambino

Dobbiamo essere grati a Robin Lim per la suggestiva definizione, spiegazione e interpretazione dell'intrigante "mito della fusione tra madre e bambino nell'utero". Per migliaia di anni il taglio anticipato del cordone è stato percepito come un modo per separare il neonato da sua madre, piuttosto che dalla placenta.

Pagine 230 - € 12,90

Alexandra Pope
Jane Bennett

ABC per la Donna in Piena Salute

Finalmente in Italia un volume per rispondere a tutte queste domande: un testo "scomodo", di denuncia, contro la pillola anticoncezionale e il suo utilizzo, nel quale vengono presentati gli effetti collaterali che la contraccezione ormonale può avere sul corpo delle donne, e nel contempo una guida con consigli per poter vivere la sessualità e la relazione di coppia in modo naturale e creativo.

Pagine 320 - € 14,50

Miranda Gray

Luna Rossa

Capire e usare i doni del ciclo mestruale

Luna Rossa è il grande capolavoro di Miranda Gray, il libro che svela alle donne quanto ricca e meravigliosa sia la loro natura e le libera dai sensi di colpa e dal sentimento di inadeguatezza. In una società che non offre né una guida, né le strutture per capire le sensazioni e le esperienze che il ciclo mestruale comporta, questa opera unica e straordinaria svela gli strumenti con i quali le donne possono prendere coscienza del proprio ciclo e comprendere le energie che a esso sono associate.

Pagine 240 - € 14,50

Elmar e Michaela Zadra

Il Punto G

La ricerca iniziatica del piacere sessuale

Punto G o punto interrogativo? Per molti (uomini e donne) è un'entità misteriosa, molte ne ignorano l'esistenza, altre dubitano di averlo trovato, altre ancora lo ritengono semplicemente un tema tabù.
Articoli sul tema appaiono continuamente sulle riviste femminili e su internet migliaia di pagine lo presentano come un concetto spesso ancora tutto da scoprire. Eppure le antiche discipline del piacere, come il Tantra, lo conoscono da sempre.

Pagine 200 - € 13,50

Altri libri pubblicati nella stessa collana

Cyndi Dale

Il Corpo Sottile

La Grande Enciclopedia dell'Anatomia Energetica

Come può un bravo medico professionista diventare il miglior guaritore? Come può un paziente essere pienamente informato e quindi ricevere cure ottimali? La risposta sta nel non seguire totalmente i consueti canali della medicina tradizionale. Basta dare un'occhiata all'aumento dei casi di cancro, delle patologie cardiovascolari, dei disturbi mentali e di quelli correlati allo stress per rendersi conto che i confini della guarigione vanno ben oltre.

Pagine 464 - € 23,50

Kalashatra Govinda

Atlante dei Chakra

La tua guida verso la salute e la crescita spirituale - Autoguarigione - Esercizi di attivazione - Utilizzo di colori, mantra, oli essenziali e pietre preziose

I **chakra**, dal sanscrito "ruota" o "vortice", sono punti energetici e di consapevolezza presenti nel corpo umano, in grado di influenzare il nostro benessere fisico e spirituale. Grazie a questo bellissimo Atlante scoprirete i 7 Chakra principali, a quali ambiti corrisponde ciascun chakra e come ripristinare l'armonico equilibrio delle ruote di energia per guarire da disturbi specifici.

Pagine 44 - € 9,80

Tara Fraser

Yoga per Te

Una guida pratica e illustrata per avvicinarsi alla yoga anche a casa!

Yoga per te è una completa guida pratica illustrata che segue un approccio olistico tradizionale e presenta le posizioni yoga combinandole con un sano stile di vita, soprattutto per quanto riguarda la dieta e la meditazione, per praticare yoga anche a casa. Più di duecento fotografie a colori accompagnano passo dopo passo attraverso le diverse asana (posizioni) e sequenze. L'autrice illustra i concetti essenziali con un linguaggio semplice e accessibile.

Pagine 144 - € 12,90

Satya Singh

Kundalini Yoga

10 sequenze yogiche per ripristinare il flusso energetico nei meridiani e alimentare gli organi collegati

Un libro di riferimento molto importante, un manuale molto conosciuto, apprezzato e usato da tutti gli insegnanti di yoga Kundalini. La tecnica yogica come è stata trasmessa da **Yogi Bhajan**, viene abbinata da Satya Singh all'antica conoscenza energetica dei meridiani cinesi e alla Kinesiologia applicata di George Goodheart. Grazie alle sue conoscenze di agopuntura e alla scoperta della relazione che esiste tra i meridiani.

Pagine 180 - € 11,50

Altri libri pubblicati nella stessa collana

Clair Davies
Amber Davies

Il Manuale della Terapia dei Punti Trigger

Guida all'Auto-Trattamento per alleviare il dolore

Si chiamano Trigger Point perché come dice la traduzione della parola, sono "punti grilletto", che se premuti, sparano il dolore a distanza. È un Trigger Point il muscolo del collo che quando premuto viene sentito dal paziente nella tempia. È un Trigger Point quel punto doloroso del muscolo lombare che se premuto viene sentito nella gamba; è un Trigger Point quel muscolo della scapola che quando premuto viene percepito sullo sterno.

Pagine 348 - € 16,50

Gioacchino Allasia
Marina De Cillis

Manuale di Autotrattamento Craniosacrale

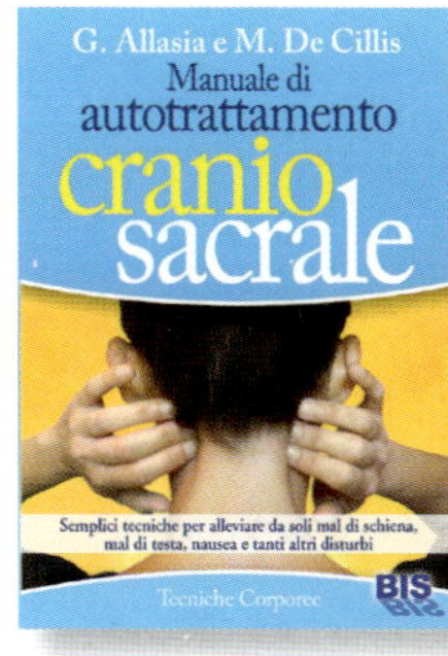

Semplici tecniche per alleviare da soli mal di schiena, mal di testa, nausea e tanti altri disturbi

Un'opera completa e pratica per conoscere tutti i segreti dell'**Autotrattamento Craniosacrale**.
Il lavoro craniosacrale spiegato in questo manuale – con dettagliate foto a colori per svolgere facilmente il trattamento in maniera autonoma – propone un modo completamente nuovo di rapportarsi con il proprio corpo.

Pagine 96 - € 9,80

Claudio Santoro

Riflessologia Plantare

Teoria e Tecnica - All'interno: 58 tavole anatomiche

Scopri e utilizza questa pratica millenaria, che ottiene straordinari risultati nella prevenzione e nella terapia dei più comuni disturbi.
La riflessologia plantare è una particolare tecnica di massaggio che si pratica sulle piante dei piedi con la pressione dei pollici, una terapia naturale di grande efficacia per il nostro benessere psicofisico.

Pagine 200 - € 9,80

Remo Rittiner

Il Grande Libro della Yoga Terapia

Manuale pratico illustrato con esercizi guidati e tecniche di meditazione

Lo yoga è il collegamento con l'energia universale dell'auto guarigione che possiamo osservare nella natura e in tutti gli esseri viventi.
La terapia Ayur-Yoga che viene presentata in questo libro si basa sui princìpi fondamentali della tradizione yoga di Krishnamacharya, sulla scienza dell'ayurveda e sulle più recenti acquisizioni dell'anatomia.

Pagine 200 - € 14,50

BIS EDIZIONI c/o GRUPPO EDITORIALE MACRO

Via Giardino, 30 – 47522 Cesena (FC)

Email: ordini@macroedizioni.it - Sito internet: www.gruppomacro.com

• Scheda bibliografica •

Oberhammer, Simona. *Ginnastica intima per donne.*
Simona Oberhammer. Cesena: Bis Edizioni, 2013.

pp. 180; 23,5 cm (Tecniche Corporee)

ISBN 978-88-6228-257-4